縁は苦となる
苦は縁となる

塩沼亮潤

GENTOSHA

はじめに

世のなかはたくさんの縁によって結ばれています。

ときには、縁が原因で苦しみを味わうこともあるかもしれません。家族や友人、仕事仲間など、人間関係はとかく悩ましいものです。人付き合いから生まれる気苦労も、尽きることはありません。

しかし、苦しみに出会ったことが縁となり、新しい生き方を見つけられることもあります。つらい状況のなかで助け合った人、苦悩の時間を共有した人とは、その後も深い絆《きずな》で結ばれます。夫婦も山あり谷ありで、添い遂げていくものです。

心の持ち方や考え方次第で、縁が苦となり、苦が縁になるのだとしたら、私たちはどんな出会いも悩みも意味があると受け止めなければいけません。しっかりと前を向き、明るい心で人生という道を歩き続けることです。

万が一、苦と出会ったとしたら、それをどう受けとめ、よき方向に転換していくのかが大切です。そういった、人生をよりよく生きていくための考え方を示しているのが仏教なのです。その教えには私たちが守らなければならないルールや心の法則のようなものがあります。

私は小学生の頃、千日回峰行《せんにちかいほうぎょう》という荒行をあるテレビ番組で知り、修行の世界にあこがれました。そしてそれがきっかけで高校卒業後、奈良の金峯山寺《きんぷせんじ》に出家することになりました。その後、一三〇〇年間で一人しか達成していないという荒行を九年かけて無事終えることができた私は、さらにいくつかの荒行を行じて一三年ぶりに故郷の仙台へと戻り、郊外にある秋保《あきう》という自然に囲まれた地に慈《じ》眼寺《げんじ》というお寺を開山して現在に至ります。

自分の半生をかなり簡潔に書きましたが、いろいろな人生の経験をさせていただき、失敗やら反省を通して、多くの学びをさせていただきました。人生とは不可思議なめぐり合わせがあり、現在はその修行のことや人生のなかで学んだことをお話しさせていただく機会も多くあります。また、出家する頃からの夢であった海外での講演活動もできるようになり、さらに志を高く持ち、精進しております。

ところで私が皆さんにお伝えさせていただいているなかに、「行《ぎょう》を終え、行を捨てよ」という言葉があります。これは私の師匠である五條順教猊下《ごじょうじゅんきょうげいか》のログセでした。

始まりがあれば終わりがあるように、長い人生にはたくさんの「区切り」のようなものが訪れます。いつの日か区切りが訪れたときには、今、心のなかにあるさまざまな感情を整理して、いらないものはすべて忘れ去り、捨て去るいいチャンスとなります。

本来いらない「とらわれ」を捨てることにより、初めて大切な何かに気づくことができます。古来、手放すことが大切だといわれ続けてきたのは、私たちがさらにもう一つ成長するためなのでしょう。

「これはどうしても忘れられない」「捨てられない」「この感情はどうにも手放せない」とこだわってしまうのが私たちの日常ですが、ある意味、たくさんのものをかかえて生きていると、人として本当に大切な何かを手に入れることができません。体験も感情も長い人生から見れば自分の成長のための過程です。いつまでも過去のことにとらわれていると、人生が思わぬ方向へいってしまい、自分を苦しめることになりかねません。少しずつでも高みを目指すためには、つまらないとらわれを捨てることです。

また、たとえ自慢したくなるような成功体験であったとしても、そこにとらわれず、謙虚に、そして素直に生きるのです。

「行を終え、行を捨てよ」とは修行僧が修行して、修行し抜いたとしても、すべて忘れ去り、捨て去れということであり、修行が成就してたとえ悟った場合でも、その悟りを得た境涯さえも捨ててしまえということなのです。

しがみつかない、とらわれない、恨まない、妬《ねた》まない。きれいさっぱり洗い流すと、また自分の前に新しい一日、新しい人生の「行」が現れます。それは自分の心をさらに上の高みへと引き上げてくれる「学び」であり、私たちの人生とはその繰り返しです。そしてたくさんの学びを経験し、外側から受ける苦をうまく転じて成長の糧《かて》にすることにより素晴らしい縁に恵まれ、やがて大きな幸福感に包み込まれるようになります。

「わざわい転じて福となる」とはまさにこういうことであり、心の針が常に明るい方向を向いていれば、必ず福がもたらされるということなのです。初めから上手に生きられなくても、心のどこかでイメージして、繰り返し実践していると、いつの日かストンと心に落ちていく瞬間があります。その小さな気づきの積み重ねが大きな人生の悟りにつながります。

初めから理論的に理解して完璧にできるようになるというアプローチではなく、正しい心と正しい行ないと正しい言葉づかいなど簡単な実践を繰り返してください。だんだんと、できることからぼちぼちと、です。いつの日か「人生って素晴らしいなぁ、感謝だなぁ」と思えたら、それが心の幸せなのです。そんなご縁に出会えますよう心からお祈りいたします。

縁は苦となる苦は縁となる　目次

第二章

後ろ姿から学び、答えは自分で出す

第三章

自分がどれほど満たされているかに気づく

第四章 よいことにも悪いことにも執着しない

第五章

学びは毎日の生活のなかにある

装幀／石川直美（カメガイ デザイン オフィス）
写真／菊地淳智
ＤＴＰ／美創
協力／せちひろし事務所
編集協力／ヴュー企画

第一章

燃え尽きて灰になる線香ではなく、長く香る香木になる

感情は区切りのよいところで捨てる

人生とは、つかのまの夢のようなもの、どこから来てどこに行くのかさえも今はわかりません。私たちはいつの日か気がついたらこの世に生まれており、明日がある、もっと生きていたいと思っていても、いつの日かあの世に戻るときを迎えます。

この世に生を享《う》け、やがてあの世に帰る。

現世に生存している時間の長さこそ違いますが、生まれる、生きる、死ぬという我々の定めは共通しています。

考えると不思議です。「いつの日か必ず死ぬのに、なぜ一所懸命に生きようと思うのか」と言う人もいますが、人間とは本当に不可思議な存在です。

死というものは避けられません。皆いつか必ず死にます。これはどう努力しても避けることができない宿命です。だからといって、決して授かった命を粗末にしてはいけません。人生山あり谷あり、よいことも悪いこともあり、つらいこと、苦しいことはつきものです。そんなときに思い出していただきたいこと、それが各人の「役割」です。この世に生まれた私たちには、それぞれに「役目」があります。

社会というのは複雑です。

みんなで社会作りに参加しているはずですが、必ずどこかでトラブルが起きてしまいます。誰かに迷惑をかけられて怒ることもあれば、知らないうちに迷惑をかけたりしている、それが社会であり、これこそ「人生の正体」です。

人生とは、迷惑をかけたりかけられたりして学ぶ、そんな時間です。その学びを得るために人それぞれの役目があり、学びを得て私たちはいつの日かあの世へと帰ります。

生涯誰にも迷惑をかけず、誰からも迷惑をかけられずという人は、この世に一人もいません。誰もがいつかどこかで、誰かに不快な思いをさせてしまっているものです。迷惑をかけられて嫌だなと感じている人は、自己を省みる時間を作ってください。

昔、自分が誰かにかけた迷惑を忘れてはいけません。生まれてから死ぬときまで、人生はずっとその繰り返しです。知らないうちにどこかで必ず誰かに迷惑をかけてしまっているものです。

でもそこにこそ、この世に生まれた目的、すなわち「学び」があります。人として大切な何かを学ぶために、できるだけルールを守り、マナーを守り生きること。人生のなかでさまざまな経験を得ること。その人に与えられた役目が終わらないうちは、お迎えが来ません。

なるべく皆さまにご迷惑をかけないように慎んで生きる。いつも謙虚にふるまう、お互いさまの心を持つ、他者に優しく接する、人の痛みをわかってあげる。

これが人としてあたりまえのルールです。

あせらずとも私たちは全員、必ずあの世とやらに行きます。その時期はそれぞれ違いますが、その日が来るまで、元気に明るく楽しく生きること、なるたけ執着を減らすこと。それを忘れないでください。

経験を積めば積むほど、さまざまな感情が身につきますが、そのとき抱《いだ》いた捨てなければならない感情は区切りのよい時点で捨てる。人を恨まず、憎まず、忘れて捨てて、許しきって、また新しい日々をすごす。まずこれが重要です。

生きていれば誰かに迷惑をかけてしまう。できるだけ謙虚に。

自分だけが迷惑をこうむっているのではない。世のなかはお互いさま。知らないうちに、自分も相手に嫌な思いをさせていることがある。

今、与えられた環境に感謝する

人生をふりかえってみると、私の役目はお世話になった皆さんに対しての「ご恩返し」をすることではないかという気持ちが強くあります。

中学二年生のときから、母と祖母と三人での生活で、食べたいものを食べられない、買いたいものを買えない、行きたい所に行けない。家にはお風呂もなく、私の服装といえば、上下ジャージ姿。家族でどこかに出かけることもありません。お金がないのであたりまえです。極めて貧しい日々でした。

でも夜になると、近所の方、母の友人らが食材やおかずを持って家にやってきます。煮物、コロッケ、魚。お腹《なか》を空《す》かせた私には、そのすべてがごちそうでした。我が家が食べられない状況にあることをまわりの方々はご存じだったのです。

中二といえば世間的には反抗期ですが、毎日、玄関先で両手をつきながら「ありがとうございます、本当に助かります」と床に額をこすりつけてお礼を言う母の後ろ姿を見ていると、グレようという気になどなるはずがありません。それより、ご飯を食べられなかったときにお世話になった人たちに必ず恩返しをしよう、心のなかでひそかにそう誓っていました。

もし私が金銭面でそれほど不自由のない家庭、普通の家庭に育っていたら、お寺に入る確率は極めて低かったと思います。テレビで千日回峰行を見て奈良のお寺に出家することになったのですが、私が普通の家庭の子だったら「すごいなあ、カッコいいなあ」で終わっていたかもしれません。すると今の私はまた違った生きかたをしていたかもしれません。運命、「役目」というのは、実に神秘的なものです。

極貧生活という修行、お山での修行、住職という修行を通じて感じたことがあります。

それは「満たされすぎると自分の役目に気づけないかもしれない」ということです。満ち足りていないからこそ見えてくるものがあり、挑戦し、前進しようとする気持ちが出てくるのです。ひょっとしたら幸せすぎて自分の本当の役目、本当の役割に、気づいていない人がたくさんいるかもしれません。

人それぞれの定めをまっとうすることは、必ず苦労を伴うものなのです。だとすると、わざわざ苦労を背負ってまで役目を果たす必要があるのかと、つい考えてしまうことだってあるでしょう。

でも、今の暮らしが、ずっと続く保証もありません。

ある日、食べる糧を失った、離婚した、死別した、誰かと争いごとになった……。そんな状況に直面すると考えかたが変わる場合があります。生きるということに真剣になるのです。

例えばご飯を食べることが難しくなると、ほぼ全員が強い問題意識を持ちます。自分とは何なのかと。

「何がしたいのかわからない」とか「自分に合う仕事がわからない」というせりふを耳にしますが、そんなせりふが出るのは普通にご飯が食べられるからです。ご飯が食べられなくなると、人はなりふり構わず必死になります。そこで初めて自然と自分の役目を意識する人もいます。

そう考えると、できるだけ早いうちから、なすべきことをきちんとなして、功徳《くどく》を積む生きかたを心がけるべきでしょう。

今、与えられた環境に感謝して、今日ご飯が食べられるだけでも幸せと考える。もっと努力して、自分の人生のためにも家族のためにもさらにがんばってみる。すると、もっと多くの人たちの幸せのためにがんばってみようとする気持ちが湧《わ》いてきます。それはとても素敵なことだと思います。

自分に与えられた能力を最大限に生かすこと、これが人としての役目なのです。

満ち足りていないからこそ、
前進しようとする気持ちが
湧いてくる。

つらい状況に直面すると、
生きることに真剣になる。

一日に一ミリ成長できれば、一年で三六五ミリも前進できる

日曜日の夕方になると「どうして働かなければならないのだろう？」と口にする人がいます。

そもそも仕事とは「お仕《つか》えする事」と書くように、誰かに喜びを与えることであり、社会での役割分担そのものです。その対価として報酬をいただき、それで各自が生計を立てる。仕事は社会という大きなしくみを維持するための大切な要《かなめ》です。

仕事で大切にしたいことが三つあります。

一つ目は「おかげさま」という気持ちを持つこと。

生きるということは誰かと関わることです。人間は決して一人で生きていくこ

とはできません。社会で生きていくためには、必ずどこかで誰かにささえられて生活ができます。そして仕事を通じて、自分が誰かをささえ喜んでいただき、お給料をいただくことができます。それによってご飯を食べることができ、着るものや住む場所を得ることができます。まさに仕事を通じたさまざまな人間関係や経験のなかから人間性を豊かにし、成長するわけです。

二つ目は「繰り返す」こと。

縁のあった人や仕事と心から向き合い、お互いに成長することです。例えば、ある部下が一人前になるためには、何度も繰り返して教えなければなりません。また、教えを受ける側も同じ過ちをしないように、決められたことを決められたように、毎日繰り返し、精一杯努力しなければなりません。

お寺での師匠と弟子の関係も同じです。精神性の世界やものごとの真理の世界は言葉や文字ですべての表現ができるかというと、なかなか伝えきれないものがあります。だからこそ、お釈迦さまはこう説かれました。

「同じことを同じように情熱を持って繰り返すことで、やがて見えることがある」

仕事も修行も同じプロセスをたどるのです。

三つ目は「進化する」こと。

進化とはクオリティーを下げずに一日一ミリでもレベルアップしようとする心です。

お寺に入った初日、私は先輩にこんなことを言われました。

「いいか亮潤君、お寺での修行というのはやな、朝のお勤めよりも夜のお勤め、昨日より今日、今日より明日というふうに、いつでも『過去最高のお勤め』という感じで、毎日、全力で修行に励むんやぞ」

これは今も心に残る言葉の一つです。全く進化しようとしない仕事も仕事なら、一日にたった一ミリだけでも進化しようと精一杯努力する仕事も仕事です。表面上は同じ仕事に見えますが、たった一ミリでも成長すれば、一年後には三六五ミりも前進しています。

この心構えにどんな意味、意義があるのかを後ろ姿で教えるのは先輩の義務、また、教わったことを素直にそして謙虚に受け、一日も早く成長しようと心がけるのは後輩の義務です。

教える人と教わる人は、向き合うことにより、ときには大変なストレスを受けることがあるかもしれませんが、お互いに敬意の心を持ち、さらに高みを目指せばやがて見えてくるものがあります。

そのときの喜びがあるからこそ、仕事の楽しみ、醍醐味《だいごみ》があるのです。そういう意識を持ってうまくまわっている会社はどんどん繁盛し、運気があがっていくでしょう。

その秘訣は何かというと、まずは礼儀を大切にすることです。

仕事は
誰かに喜びを与えるもの。

「お互いさま」の心で、情熱を持って同じことを繰り返す。

病気を修行ととらえれば、前向きな発想ができる

人としてこの世に生まれて、年老いて、病になり、やがて死を迎えるということはどう努力しても避けることのできない現実です。そのなかでも、ある日突然ふりかかってくる病というものは、まさに人生の苦行といえるでしょう。白隠《はくいん》禅師の言葉に「病中こそ修行なり」そして「病、犬猫のごとくあれ」というものがあります。

私の師匠が晩年、入退院を繰り返していた際、見舞いに来た私にこの二つの言葉を口にしました。病というものはまさに修行であり、もし病をわずらってしまった場合、犬猫のごとくに一切の羞恥心《しゅうちしん》を捨てて、あるがままを受け入れ、専心せよという意味です。

師は「これまでいくつもの命がけの荒行を成し遂げたが、人生の修行のなかでいちばんの修行は病であった」と病院のベッドで語っておられました。

私も、ある日突然に病にかかるということは、人生における最大の試練であり、〝行〟であると思ったことがありました。一三年にわたる修行のなかでは、身体を酷使しますので、行を終えてからもかなりの疲れがたまっています。また、山での修行の期間中はお寺の山門から出ることができませんので、もし虫歯になっても治療することができません。

本山での修行を終えて仙台に戻ると、今度は慈眼寺の建立に労を費やす日々が続きました。荒行中の荒行を乗り越えたとしても、お寺を作ったことも、住職の経験もありません。講演をしたことも、本を書いたこともない人間です。日々、精一杯でしたので、つい歯の痛みをほったらかしにしていたら、あるとき鼻の下の骨が三センチメートル四方の広さで溶《と》けていたのです。歯周病が極まった結果で、体調が思わしくなく、自分でもこのままではいけないと自覚していました。

ちょうどそのとき、世界中から多くの患者さんが訪ねることで評判の歯科医師とのご縁があり、全身麻酔で四時間におよぶ手術の結果、無事に治すことができました。

先生からは「よく生きていますね」と呆《あき》れられるほど、病状が悪化していました。最新の医療情報によると、歯周病が心臓疾患や脳梗塞《のうこうそく》などに大きな影響を与えることが判明しているそうです。それを聞いて冷や汗が出ました。

さらに続けざま、その時期に、かなり激しい腰痛が襲いかかりました。長年の修行で腰に相当な負担がかかっていたようです。手術で口の中を二〇針ほど縫ったばかり、そこにかなりひどいぎっくり腰の激痛。折しもその日は、名古屋で一〇〇〇人規模の講演会が予定されており、仙台から新幹線に乗って出かけたのですが、終日、まさに極限のなかの修行のような一日でした。ほんの少しでも体の重心を変えると猛烈な激痛がはしります。

しかし、たとえどんな状況であれ、一度お約束をした仕事をキャンセルしたならば、多くの方にご迷惑をかけてしまいます。楽屋でも立っていることも座ることもできず、壁によりかかっていました。講演は終了までポーカーフェイスで通しましたが、山の行よりも厳しい〝里の行〟を体験しました。

若い頃は元気一杯山々をかけめぐっておりましたが、年を重ねるたびごとに、大なり小なり病に見舞われます。

これも人として生まれたからには定めです。でも、これもいたしかたのないことではありますが、寄る年波を受け入れ、マイナス思考になる必要はありません。「斃《たお》れて後已《のちや》む」という言葉がありますが、生きている限り全力を尽くして生き抜くという強い気持ちと、すべておまかせするという心で病という人生の修行に向き合うことです。

病気を定めと思って受け止める。

病になっても、マイナス思考にならない。

一つを手にすると、また一つ欲しくなる

もっと欲しい、もっと欲しいという欲には際限がありません。一つのものを手に入れると、また別のものが欲しくなります。私たち凡人であれば、そう思うことが常です。

私も師匠の影響でしょうか、小僧の頃から陶器にとても関心がありました。師匠はお茶や書道など多趣味な方で、よく美術館や骨董屋さんに連れていっていただきました。

師匠はその昔、二束三文《にそくさんもん》の器を百万円で買わされたことがあったそうで、ある日私にその事実を話してくれました。

「以前なあ、器でだまされたんや。でもな、だました人が悪いのではなく、だま

された自分に見る目がなかったんやな」

とても心に響く言葉でした。

私も小僧の時代から少ないお小遣いのなかから少しずつ器を買い求め、仙台に戻った頃には手元の瀬戸物がかなりの数になっていました。

初めの頃は見るものすべてが欲しくなっていましたが、見る目が肥《こ》えたのでしょうか、だんだんとこれはというものしか欲しくなくなってきました。でもその感覚はいろいろな失敗と経験を積み、少しずつ身についてくるもので「桃栗三年柿八年」というように時間がかかります。経験を積み、だんだんと無駄なものがそぎ落とされてくるのです。

伝教大師《でんぎょうだいし》（最澄《さいちょう》）の言葉に「道心《どうしん》の中に衣食《えじき》あり」「衣食の中に道心なし」というものがあります。

道心とは道を修めようとする心。道を求める途上で最低限の衣食は足りる、その道に真剣に打ち込む人の生活が成り立たないはずはないというものです。逆に衣食住に執着し、欲心のまま生活していると、道心も向上心も湧いてこないということなのです。欲の前に道を求めよというわけですが、なかなかそう簡単に心はしたがいません。

だから仏教では「知足《ちそく》」、つまり足るを知れと説いてきました。しかしこれもなかなか難しいものです。

そもそも世のなかにお金があるのが、さも悪いかのように言う人がいます。でもそれは違います。私も昔、ご飯を食べていくのがやっとという経験をしましたが、それでもお金という存在が悪いのだと思ったことはありませんでした。お金は価値交換のための大切なものであり、お金に罪はないからです。使う人の心によって左右される、それがお金の存在です。

自分のためばかりに使う人もいれば、誰かの喜びのために使う人もいます。また、もっと、もっとと欲を出してしまう人や、足ることを知り、つつましく生活する人と、さまざまです。

年を重ねるにしたがい、徐々に欲が抑えられたり、人生の学びを得るようにコントロールできるようになったり、少しずつでかまいませんので、物欲や金銭欲は「今あるもので楽しむ」という考えかたに転換しましょう。

ちなみに師匠からは「お坊さんは買うならのちの代にまで残るもの」と教わりました。自分が死んでも残るもの、誰かが受け継げるもの。どうせお金を使うのなら、残らないものではなく残るものをと教わりました。

お金はご縁の賜物《たまもの》。

そう考えると、なるたけ気づかいのある使いかたをしたいもの。気づかい、心づかいは、人間関係の潤滑油ですが、優しい気持ちを伴った生きたお金の使いかたであれば、確実に誰かを喜ばせ、縁が広がるでしょう。

お金の使いかたは人それぞれ。
誰かを喜ばせる使い道を考える。

物欲や金銭欲といった欲望を否定するのではなく、
上手にコントロールする。

野に咲く花のようにあるがままに生きる

いくつになっても、夢や目標があることが元気の源です。

そのためにはまず、実現までの具体的なスケジュールを作ることが必要です。スケジュールがあれば、今日はここまで、明日はここまでというふうに、毎日前進することができます。私が達成した大峯千日回峰行も、その日にやらねばならないことが記されている次第書というものがあります。そこに書かれていることを毎日、精一杯心をこめて繰り返し、自己の成長のための行を積み重ねます。

そこで大切なことがあります。大きな夢というものは、だいたい皆さんのために自分が努力させていただくというケースが多いと思います。その夢や目標の実現に際して、「世のため、人のため」と、やたらと口にしないということです。

誰でも若かりし頃は勢いがあり、夢に向かって突っ走る時期があります。そして、心のなかに「皆のために」「皆が喜ぶために」と熱い思いを抱いて、何かに挑戦し続けます。しかし、円熟した世界観を持たれた師匠はこう語られました。「世のため、人のためなどということは坊さんならあたりまえのことであり、そんなことはあまり口にしないほうがいい」さらに、「だいたいそういうやつに限って自分のためになることしかしない」と言われていました。

そもそもお釈迦さまの教えである人生の真理とは、野に咲く花のように、あるがままに生きること。そしてよりよく生きるための考えかたなのです。植物は人に見えない根の部分では淡々と努力をして、天に向かってきれいな花を咲かせています。けれども自分の姿を見せびらかしたりしません。そのままにあり続けることこそが、修行僧としての大切な生きる姿勢だと気づきました。

夢にせよ目標にせよ、誰かのために何かをさせていただいてあたりまえ、自分がさせていただいたことに対し、目の前の一人の人が喜んでくれたら、自分の心が潤います。そして、またもっと努力してみようという向上心も出てきます。誰かのためにそうしたいから、自分の時間や労力を使うわけではありません。それが結果的に実現し、自分のためだけでなく誰かのためにもなればとても嬉しいことです。

さて、次の段階で、人はだんだんとある域まで到達し、成功すると、多くの人から褒められたり、居心地のよい世界に包まれます。「初心を忘れず、謙虚に」と思いながらも、妙に心地のよい環境に置かれると、地位欲、名誉欲という大きな誘惑に負け、つい浮き足立ってしまいます。

しかしここが最も気をつけるべき点なのです。

地についていた足が持ち上げられて浮いた瞬間、本来、純粋に持っていたはずの夢や目標がずれてしまいます。今まで名前で呼ばれていても何も思わなかった人が急に○○先生と呼ばれないと機嫌が悪くなったり、自分の名声が世に知れわたることだけを気にしたりします。本来「皆さんのために」が原点のはずですが、

「自分のために」に心が変わってしまう瞬間です。

だから線香ではなく、香木《こうぼく》になってください。

線香に火をつけると、すぐによい香りが充満し、その香りにつられて人が集まります。さらに人を集めようと燃え続けますが、火というのは周囲の期待にこたえよう、いい格好をしようとする気持ちそのもの。それを繰り返すうちに燃え尽きて灰になり、すぐに匂いも消えます。

これは地位、名誉、権力そのものを象徴しています。

そうではなく香木のような人になってください。伽羅《きゃら》や沈香《じんこう》など、香木の香りは、線香と違って火をつけないので何百年経《た》っても自ら発する香りが衰えません。短時間で広範囲に香りを広げることはできませんが、燃え尽きて灰になることもありません。

地道に縁にしたがい、無理せずあるがままにです。

目の前の人が喜んでくれたら
自分の心が潤う。

自分のためにしたことが
結果的に誰かのためになればなお嬉しい。

「世のため」ではなく、まず自分を磨く

私が挑戦した大峯千日回峰行は、金峯山寺（蔵王堂《ざおうどう》）～山上ケ岳《さんじょうがたけ》を結ぶ道のりで、片道二四キロメートル（山岳の高低差約一三〇〇メートル）を一日で往復し、それを連日、計一〇〇〇日間行なう修行です。

山歩きの期間は五月三日から九月三日までと決められているので、一〇〇〇日連続で行なうわけではありません。毎年この期間を修行し、九年かけて満行に挑みます。

さらにこの修行後、四無行《しむぎょう》を行ないます。これは九日間にわたって、「食べる、飲む、横になる、寝る」の四つの行為をしてはいけないという荒行です。

四無行に入る前には「生き葬式」を済ませて蔵王堂に入ります。毎日、午前二

時に仏さまにお供《そな》えをするお水を閼伽《あか》井戸へくみに行きます。そして一日三回、本尊さまの前で密教を修法《しゅうほう》して読経します。さらに不動明王《ふどうみょうおう》のご真言を一〇万遍《べん》、蔵王権現《ごんげん》のご真言を一〇万遍、合計二〇万遍を九日間、休みなく唱え続けます。

　線香立てに灰が落ちる瞬間がスローモーションのように見え、灰の落ちる音が聞こえるほど五感が鋭くなり、三日目からは死臭が漂《ただよ》います。五日目からは一日一回のうがいが許されます。天目茶碗《てんもくぢゃわん》が二つ用意され、一つにはなみなみと水が入り、もう一つは空《から》。水を口に含み、うがいをして空の茶碗に吐き出すのですが、うがいが終わり、最初と同じ水の量でなければ、その行は失敗とみなされます。ちなみにこの四無行は、大峯千日回峰行を達成した行者しかできない修行です。それほど過酷な修行なのです。

　そこまでの荒行に挑戦したのはなぜかと言えば、まず、自分がこの修行に挑戦したいと思う発心《ほっしん》があったからです。誰かに頼まれたわけではなく、自分から願い、お許しを得て始めることができた修行です。人生をよりよく生きていくためにはどうしたらよいのだろうという答えを求め、自分に厳しい負荷をかけ、修行に打ち込みました。とはいえ、そう簡単に答えなど得られません。また、夢なんてそう簡単に叶《かな》うはずがありません。やってもやってもダメ、血と汗と涙を流してこそ、やっとそれが感謝の涙に変わってくる。

その経験があるからこそ今、さまざまな苦しみで悩む人からアドバイスを求められたときに、私なりの答えを分けてあげることができます。わずかな力ですが、お役に立てるのかなと感じる瞬間です。

ちなみに「人の為」と書いて「偽《にせ》」と読みます。

世のため、人のため、そう口で言う前にまず、自分のために自分を磨いてください。誰かのためなどと思いすぎず、淡々と自己を見つめる。その結果が誰かのためになっていれば、それでいいのです。

蛇が脱皮するときは相当な痛みを伴うという話ですが、私たちの成長には必ず痛みが伴います。楽して成長することはできません。メンタル面で苦しいなと感じるときがありますが、それを乗り越えると必ずご褒美《ほうび》があります。そしてまた努力の旅が始まります。人生とはまるで終わりのない旅のようなもの。足を止めたら旅が終わってしまいます。ぼちぼちとあせらず歩みましょう。

そして年を重ねるたびごとに大きな大きな木のような人になることです。何千、何万羽の鳥が止まろうともびくともしない大木となり、皆さんに喜んでもらえる。これが本当の皆さんのためになることなのです。

成長には痛みが伴う。

苦しみながら得たものが、人の役に立つ。

伝えたいことは今日伝える

人生には必ず別れがつきものです。

離別にせよ、死別にせよ、別れというものは本当につらいものです。

出会いがあるのなら、どこかで何らかの別れがあります。恋人や夫婦の別れ、仲間や同僚との別れ、愛する人との死別。裏切り、離反という形もあります。出会いが運命だとすると、別れも運命かもしれません。

縁には始まりがあり、必ず終わりがあります。そのなかには嬉しいこともあれば、そうでないこともあります。つらい思い出、悲しい思い出は誰にでもあるものです。しかしいつまでもそこにとらわれたり、感情的になったりしないで、忘れきり、許しきり、明るい心で前向きになってください。

過ぎ去った過去はどうあがいても、もう二度と戻ってはきません。

形あるものはすべて、毎秒ごとに変化します。これも私たちが持って生まれた〝定め〟です。物が古くなって壊れる、私たちが加齢で老いる、これらはすべて変化というプロセスから逃れられない証拠です。だからこそ、その「とき」を大切にすること。縁あって向き合った相手と思いを交わし、ともによき思い出をつむぎ合う。どんな人にも「精一杯心をこめて向き合ったぞ」という実感があれば、いざ別れのときがきてもそこに後悔の念は残りません。

愛する人を亡くす悲しみというものは悲しみの極みです。もうそれ以上、その人との思い出を同じノートに書き綴《つづ》ることができなくなるからです。あんなこともあった、こんなこともあった。それまではあまりよく思っていなかったこともすべてが涙とともに流れ去り、感謝の念がこみあげてきます。

これはすべて定めであり、こういうルールのもとで私たちは生活しています。愛する者と離れる、そんな別れが人をグッと成長させます。

そして、どんなに悲しい別れでも、時間とともにその傷は癒《い》えます。時間というのは最高の良薬です。残された人は前に向かって歩かないといけません。老木は先に倒れますが、残された若木は老木を肥やしとして生長します。

どんな人にも別れがいずれ訪れます。そのときがくる前に、目の前にいるご縁のあるすべての人と心で向き合うことです。パソコンやメールではなく、心と言葉と笑顔でコミュニケーションをとりましょう。

向き合うことが大変な場合は少し距離をおいてもかまいません。ぶつかり合わない、ほどよい距離感で相手に対し誠意を持って生活してください。その努力はあなたの功徳です。

目に見えないよい心がけが人生を光ある方向に導いてくれます。素直に謙虚に、そして、明るく屈託のない笑顔が相手の対応を変え、あなたの周囲の人たちを幸せにするのです。

別れが人を成長させる。

残された人は感謝の気持ちを心にとどめ、
前に向かって歩く。

迷ったらやってみる

修験道《しゅげんどう》という宗派の教えの根源に「実修実験」というものがあります。何も考えずにとにかくやってみるということではなく、よいと考えたことはとりあえず実践してみなさいということです。

修行時代、師匠から「こういうことをやると痛い目にあうぞ」という説明は一切受けません。とにかくまず自分で考え、実践して、失敗しながら覚えなさいという師匠でした。山歩きもすべて自分で確かめるしか術《すべ》がありません。自分で確かめ、そこでさまざまに学ぶ。これに尽きます。

修行を終え、仙台に慈眼寺を建立すると、新たな修行が始まりました。ある日突然、講演の依頼が次から次と来るようになりました。でも、全く話せませんでした。今だから言えますが、実は私はかなりの口下手で、大勢の前で話すことが苦手でした。修行中は人と話してはいけないという決まりがあり、だんだん話すことが億劫《おっくう》になっていたので、毎日が地獄です。

あるとき九〇分間、壇上で喋《しゃべ》ることになりました。約束した講演日はあっという間にやってきました。講演の時間になり、ステージに上がれば九〇分という時間は誰も助けてくれません。本当に孤独との闘いです。

その次にやってきたのは、何と本の執筆依頼でした。

学生時代、たまに作文を書いた程度の素人《しろうと》です。文章の書きかたもよくわかりません。一度は断りましたが、なかば強制的に書かされることになりました。これもまた大変でした。全国を講演しながら、原稿を書く。当時は一度もそんな経験がありませんから混乱に次《つ》ぐ混乱です。

そんな悶絶《もんぜつ》する日々の中、ふと考えました。

いただく仕事というのは、ひょっとして仏さまが与えてくれた仕事なのかなと。

これは何も私に限りません。今、自分が就《つ》いている仕事は、神さまや仏さまが「やってごらん」と与えてくれたものです。神さまや仏さまは自分が乗り越えられない試練は絶対に与えません。それもできるかできないか、ギリギリのことを与えてくれます。

そしてそれを乗り越えたとき、一つ成長しているのです。しかし、毎回、壁にぶちあたります。その壁はそう簡単には乗り越えられません。やっても、やってもダメ、これでもかと努力してもなかなか結果が出ない。失敗の連続です。その失敗を一つひとつ反省して、「次こそは」という気持ちで挑戦し続けることです。

失敗を過剰に恐れる人がいますが、何も行動しないでわからないのと、一歩前に踏み出してわからないことが出てくるのでは意味が違います。とにかく「迷ったらやってみる」というハングリーな精神を持つことです。

失敗というのは他人から見た客観的な評価であり、本人にとっては学びの一つです。同じことを反省なく何度も失敗するのは問題ですが、学びだと思えばやったことがなくても挑戦できるはずです。

とりあえずやってみること。

すると失敗も成功も、どちらも宝だとわかります。

そこで大切なのが「まずやってみる」ことです。挑戦し続けることにより、やがて成功します。そして終わったらそこで区切っていらないものは捨てる。だんだんついてくる地位欲や名誉欲、そんないらないプライドなどはすべて捨てる。そして次に進む。

私たちの知らない学びは山のようにあるのです。成功したり、よい結果が出て、褒めてくれるのはそのときだけ。あとはまわりの皆さんが次を期待しますので、また努力です。目の前の山を登るか登らないかは、自分の心次第です。目の前の一つひとつの山を登り続けるからこそ、夢が叶うのです。

仕事とは、
神さまや仏さまが
「やってごらん」と
与えてくれたもの。

失敗を恐れず、まず一歩踏み出してみる。

第二章

後ろ姿から学び、答えは自分で出す

相手をいったん受け入れる

最近、モンスター・ペアレンツという言葉をよく耳にします。

私の友人に教育関係者がいますが、その友人いわく、実はモンスターと呼ばれる親の八割はモンスターではなく、学校側の初期対応が彼らをモンスターに変えてしまう場合があるそうです。この事実はショックでした。学校クレーマーと呼ばれる人の八割はそうではないそうです。

しっかりと向き合い、誠意を持ってお伝えしなければならないのに情報を隠してしまうことで、お互いに感情的になってしまうそうです。また、責任をのがれようとしたり、自分に問題がふりかかってこないようにと逃げ腰になることで対応が遅れ、相手をいらだたせるという場面が多いこともあります。

話し合いというのはいったんバランスが崩れてしまうと、修正するのが難しくなります。そうならないように日常から心と心、言葉と言葉のキャッチボールに細心の注意を払ってコミュニケーションをとらなければなりません。

また、思い込みと勘違いも感情がすれ違う原因となります。周囲とうまくやれない人を見ていると共通点があります。自分の理想や主張を周囲に押しつけている状態です。しかし、自分が何らかの意見を持つように、周囲の人々もそれぞれ意見を持っています。その意見を少しずつすり合わせる作業、それがコミュニケーションです。

相手の言う内容をいったん受けて、まずは自分以外の人の意見を「なるほど」と受け入れてください。どれだけ自分と違う意見であっても、「なるほど、この人はそう考えるのか。世のなかには実にさまざまな考えかたがあるのだな」と、いったん受け入れてみてください。

はなから「いや、あなたの考えは間違っている」といったけんか腰の姿勢は、絶対にとらないこと。そんな状況だと着陸する場所がどこにもありません。

相手をいったん受け入れることができれば、コミュニケーションにおける悩みのほとんどが解決します。

自分の意見とは違うときでも、しっかりと受け止める。話を心から聞くことです。いったん受け止めてからその上で意見を申し上げる。相手が目上の方ならなお低姿勢でお伝えしなければなりません。

我々の修行時代は、目上の人に口ごたえなどすることは絶対にできませんでした。どんなことを言われても、明るく元気に「はい」という返事をしなければなりません。大変なときもありますが、辛抱しなければなりません。そういう基礎となる下積みがあってこそ人生が花開いてくるのです。

「自分を大切にしたければ、まず自分を大切にするように相手を尊重せよ」

私の師匠の言葉です。まさに自他同然《じたどうぜん》であり、これは相手の短所を見ずに長所を見よということにもつながります。どんな関係であれ、その人のマイナス面だけを見るのは不敬《ふけい》です。

それでも、どうしても長所が見えないときは片目を閉じてみてください。短所に目を向けないというのは一種の修行のようなものですが、少しは気が楽になります。世の中に完璧な人なんてほとんどいないように自分にも短所はあります。

そう思うと「お互いさま」です。

嫌いだ嫌いだと避けていながら、実は相手にふりまわされたくなくて逃げて、陰で悪口など言っていませんか？　解決策としては、その人を受け止めて包みこむくらい人間的魅力ある人になって、相手にふりまわされないことです。

大きな人と書いて大人というように、大人ですから大きな心での対応を心がけなければなりません。

短所は見ないで長所を見る。

どうしてもマイナス面しか見えないときは片目を閉じてみる。

相手の痛みを知る

相手に何かを伝える際のコツがあります。

なるべく短く、わかりやすく。つまりコンパクトに表現する。そしていつでも誰に対しても「お伝えさせていただく」という姿勢。これがあれば万全です。お伝えさせていただくという気持ちがあると、目の前の相手に「どうすれば最短で理解してもらえるか」という姿勢になります。これは相手と共感できる度合いが高まると同時に、自分の思考トレーニングにも役立ちます。

どんな状況でも相手の状況を考えることは重要です。誰もがその人の持つ経験値でしか、相手の言葉を理解することができません。だからどんな相手に対しても、最大限の注意を払い、相手を知ると同時に、その人の「痛み」も知ってください。

するとと、伝えるべき言葉と自然に出会うことができます。伝えるというのは、相手に対しての気づかいでもあります。

うちの師匠は大変怖かったこともあり、私は師匠の部屋に行って何かをお伝えしなければならない当番が本当に苦痛でした。

どんなに練習しても、いざ目の前に師匠が座っていると、それまで用意していた文章がすべて飛んでしまい、頭のなかは真っ白です。緊張で声が震え、何を話しているのか自分でもよくわかりません。

自分ではかなりコンパクトに、わかりやすく伝えることができたと思っても、師匠に「で、どういうこっちゃ?」と尋ねられると、その時点で頭のなかは真っ白です。もっとわかりやすく伝えるにはどうしたらいいのかと、随分《ずいぶん》悩みました。

でもこのトレーニングが話し下手な自分が言葉を大切にするきっかけとなりました。よりわかりやすくするためには、どんな表現が適切なのか、どんな言葉を使えば間違いなく伝わるだろうか……。こういうことを続けているうちにだんだんと上手になるのです。ポイントは、上手でも下手でもいつも精一杯させていただこうという気持ちです。

最近、語学を習うようになり、あらためて自分の日本語の表現を見なおしました。誰が、どこで、何をする、というスッキリとした表現をしっかりしようと思ったのです。

友人が経営のコンサルタントをしていて、会社を訪問し、社員の方たちに作文を書かせるそうです。すると、そのほとんどが文章になっていない。

例えば英語なら主語がきて動詞があり、そのあとに説明の文章がつく語順になっていますが、作文のほとんどの文章が英訳できない表現になっているそうです。それだけ現代はあいまいで無駄な言葉が羅列されている時代なのでしょう。

私は心でそう思っていないのに、どうしてあの人は理解してくれないのだろうと思ったことはないですか？　もともと心で思っている深い世界というのは、言葉と文字ですべて表現することは難しいのだとお釈迦さまも言っておられます。ゆえに勘違いやとり違いで人と人とがすれ違ってしまうのです。

だからこそ、メールやコンピューターを通して相手と向き合うのではなく、心と言葉と表情でもって自分の思いを伝えましょう。必ず対人関係が改善されます。人と人との心に潤いが感じられるようになります。まずは自分からどんなことでも言葉を使い、素直な気持ちを表現してみることです。苦手な人には、返事やあいさつだけでもいいです。一週間後、驚くほど人間関係が変わっていることでしょう。

相手に対する気づかいがコミュニケーションの基本。

心と言葉と表情をフル活用して
自分の思いを伝える。

謙虚な人には頭が下がり、上から目線には反発したくなる

例えばそれが何気ない日常生活の会話であったとしても、自分と相手との距離感を忘れないでください。車間距離をイメージするとわかります。適度に距離があるからこそ、事故が起きません。どれだけ親しくてもお互い個々の存在です。これは身内であっても同じです。

距離を保つということは、絶対にお互いの垣根を越えないという礼節そのものです。礼儀と節度、この二つはどちらが欠けてもよい人間関係は成り立ちません。これがあるかないかで信頼感が変わってきます。

一九歳で吉野山のお寺に入ったばかりの頃、当然ながら小僧ですから、私たち修行僧には先輩や師匠からのさまざまな乗り越えなければならない試しがありま

す。一日のおもな作務《さむ》は、雑巾《ぞうきん》と箒《ほうき》でありとあらゆる場所を掃除することですが、「あそこが汚い」「ここをもっときれいに」と毎回言われます。褒められることは、まずありません。

同期の修行僧が、先輩に五〇〇段の階段を早く短時間で掃《は》いてこいと言われて懸命に掃いていると、先輩が「何でそんなに雑なんだ！」と叱りました。叱られた修行僧が丁寧に掃いていると、こんどは「遅い！」と叱ります。混乱した修行僧は私に愚痴をこぼします。気持ちはわかります。真逆のことを言われるわけですから。

でもそのときに思ったのは、素直に「はい」と元気よく答えて懸命に取り組ませていただくというのが、この状況での正解だということ。先輩や師匠は小僧たちを試しているのです。どこまで自我が強いのか、どれだけの素直さがあるのか、成長の伸びしろはどれくらいあるのか、いろいろと試してくれているのです。

人は試されているとき、自分に期待がかかっていることに気づきません。だから相手を嫌だなと思い、恨んだり憎んだり、負の感情を持ちます。でもそうではないのです。

例えば上司や幹部が部屋にいるときに、その部屋を掃除しなければならない状況があったとします。そのとき「時間なので掃除します」と言って、大きな物音を立ててその場の空気をがらっと変えてしまったら、どうでしょうか？　もし自分がそうされたら怒ってしまうかもしれません。もちろん部屋を掃除することはその人の責任上、正しい行為です。自分の義務を果たすためには当然のことで、何がいけないのかと感じる人もいるでしょう。

でも、このときにこそ礼節が大切なのです。

「申し訳ございません。部屋を掃除したいのですが、いかがでしょうか？」と表現を変えると、言われた側はどう感じるでしょうか？

お互いの立場がどうあれ、人は謙虚に伝えられると相手を理解してあげよう、助けてあげようと思うもの。謙虚な人には頭が下がります。その逆に、強い口調、上から目線で伝えられると、思わず反発したくなります。

若い頃は先輩たちに、私たちは試されます。だからこそ、自分が私がという自我を捨てて素直になる、謙虚に受け取る。いくつになっても必要なことではないでしょうか。

実力や結果のみで年長者をないがしろにすることもよくないことですが、結果も出さずやることもやらないで「俺にしたがえ」という年長者でも困ります。お互いに敬意を払えるような関係がうまくできれば、精神的苦痛がやわらぎ、よい社会になると思うのです。

どれだけ親しくても、相手は自分とは違う。

車間距離と同じで、適度に距離があるから事故が起きない。どんな人にも礼節を尽くし、距離を保つ。

答えを教わるのではなく、自分で経験を積んで得る

人は後ろ姿を見て成長します。師匠の後ろ姿を見て習うから、見習いという期間があるのです。とてもめんどうで時間がかかるのですが、どんな変化球にもきちんと対応できる人づくりの基本です。マニュアルや規則だけでは対応できないものがあるからです。

最近は答えを教えてくれと言われてすぐに教えてしまう傾向が強いようですが、これは大変残念なことです。

答えは自分で考え、行動することでしか身につかないもの。学びの積み重ねこそ、その人しか持ち得ない貴重な「経験値」です。

何度も失敗して試行錯誤しないと経験値が上がりません。誰かに答えを教わっ

ただけでは、自分の経験値はいつまでも上がらないのです。

私が幼い頃から、母はどんなことに対しても、すぐに答えを与える教育はしませんでした。間違ったこと以外すべて自分で痛い思いをして学ばせてくれました。

ある日、小さなお子さんを連れてお寺に参拝されたご夫婦に母がこんな話をしました。私がまだよちよち歩きの頃、ストーブを触ろうとする私の手を持ち、端っこのあまり熱くない部分を一瞬、触らせ「熱いからあぶないんだよ」と言い聞かせる。それ以来、私は二度とストーブに近づかなかったという話です。おそらく、子どもだったら何度言い聞かせたところで言うことを聞かず、最後にはやけどをしてしまう。「理屈ではなく体験に意味がある」という母なりの考えだったのだと思います。

あるいは金峯山寺での修行を終えて、一三年ぶりに帰郷したときのこと。

母は大阿闍梨《だいあじゃり》という称号をいただいた私が仙台に帰る前に、親戚や縁のある人すべてにあるお願いをしたそうです。

「もうすぐ亮潤が仙台に帰ってきます。大阿闍梨という称号をもらったそうですが、たんなる三二歳の世間知らずです。どうぞ皆さん厳しく育ててやってください。そして、二〇年先三〇年先を楽しみにしてください」

これも自分の産んだ子どもに対する親心だったのでしょう。このことを知ったのは、仙台に帰って一〇年も経ってからのことです。

たしかに一九歳から山の修行で万難辛苦を乗り越えたとしても世間のことは全くわかりません。もし大阿闍梨と皆さんからあげたてまつられていたとしたら、今の私はないと思います。

さらにまた私は人生の親である師匠にも恵まれました。ちなみに私の師匠は、あるラジオ番組でこんなことを話していました。

「師匠というのは弟子に教えることなど一つもないのです」

「必要なことは後ろ姿で学んで欲しい、答えは自分で出して欲しい」

そのときはこの言葉の意味がわかりませんでした。自分は厳しい修行や難しいことを学びにきたのにと。しかし後になって師の心から弟子を思う親心が深い世界でわかりました。

薫習《くんじゅう》という言葉があります。時間をかけて衣服に香りが移るように、考えかたや習慣がだんだんと浸透することです。しつけも修行も、薫習を大事にし、時間をかけて後ろ姿から学ぶ。だから、人の教育というものは時間がかかるのです。教えるほうも教わるほうも大変なのです。

理屈ではなく、体験に意味がある。

教えてもらった答えでは、応用がきかない。
何が正しくて、何が悪いのかを判断するために必要なのは、
自分の経験値。

嫌いな相手との距離感をつかむのも修行

誰にでも嫌だなあと感じる相手がいるでしょう。

本山での修行時代、私にもつい嫌だなあと思ってしまう先輩がいました。よく皆さんから「塩沼さんでもそんなことあったんですか？」と言われますが、私だってオギャーと生まれたときは皆さんと同じです。ただ、一段一段上ってきて今はおだやかな気持ちです。

修行道場も悟った修行僧ばかりがそろっているわけではありません。社会生活をしていて、悟りを目指そうと思った人たちが集まって生活をしていますので、社会で受けるいろいろな人間関係の悩みや苦痛は皆さんとさほども違いません。

嫌いな人を好きになるのは難しいことです。

お釈迦さまはこれを「怨憎会苦《おんぞうえく》」とおっしゃいました。怨憎会苦とは恨み合う者同士が会うことの苦しみです。これも愛する者との別れがつらいのと同じように苦しいことですが、人として生まれたからには乗り越えなければならない試練です。

嫌いな相手は、自分にとって「気に入らないこと」をする相手です。逆に気に入ることをする相手は好きな相手ですが、気に入る、気に入らないというのは、分け隔《へだ》てするという気持ちがあるということですから自分のエゴに過ぎません。社会がさまざまな欲で構成されていることを考えると、嫌いな相手とどう接していくか、どのように自分の心をコントロールしていくか、また相手との距離感をどうやってつかむのかも人生の修行の一つです。

いつかこの人を嫌いになる気持ちがなくなりますように、いつかこの人とわかり合えますように、そう心のどこかで思い続けること。これが少しずつできるようになれば、不思議と相手を嫌う気持ちが減ります。まさに成長です。

でも、そう簡単にはいきません。だから、このままでは心が折れそうだと感じたら、ほんの少しばかり距離を置く。相手の言葉、行動に対して、深く考えない悩みすぎない、ただ心の針は絶対に恨み、憎しみの方向に向けてはいけません。急いで和解する、わかり合うなど、無理をする必要はありません。ゆっくりと雪がとけてゆくように時間をかけて自分の心を調整していけばいいのです。

急《せ》いてはことを仕損《しそん》じます。なぜ、その相手を嫌だと思っているのか、何が原因なのか、自己分析をすることも必要です。

ちなみに「人の振り見て我が振り直せ」ということも大切です。人間は自分の性格と似ている人を嫌いになるとも言われています。

会社員は上司のことで悩む人も多いと思いますが、彼らに「礼儀正しく適度な緊張感を保っている人と、無礼で場の空気を全く読めない人、自分の後輩や部下ならどっちがいい？」と聞くと、間違いなく全員が前者を選びます。

そこで「今の自分はどうですか？」と尋ねると、それまで上司や会社に不満や愚痴しか出なかった人たちが、急に黙ります。

彼らがそういう後輩を望んでいるのと同じく、彼らの上司も礼儀正しく適度な緊張感を保っている人と仕事がしたいに決まっています。

「私はきちんとやっている、上司が無能なのだ」と主張する人も大勢いますが、普段から上司との関係を良好にしておく必要があります。上司だって人間です。自分を嫌う人、反抗的な態度をとる部下は、その雰囲気ですぐにわかります。

まずは「はい」という、相手に心地のいい返事をすることから始めてみましょう。上司との関係が驚くほど変わります。

急いで和解しなくても、いつかわかり合うようになればいい。

「嫌いだ」という感情は、隠そうとしても伝わってしまい、相手を許せなくなることがある。時間をかけて自分の心を調整すればいい。

叱るにも叱られるにも作法がある

「叱る」と「怒る」は全く意味が違います。力任せに怒鳴っても効果がありません。怒鳴りは相手を怯《おび》えさせるだけ。怒りはマイナスのエネルギーで、恨みや憎しみの塊《かたまり》であり、お互いの成長を止めるブレーキです。できないことに対して怒りをぶつけるのではなく、道を修正すること、これが叱る人の役目です。

師はこれを「道を得さしむ」とおっしゃっていました。よい指導者の条件の一つとして絶対に感情的になってはいけません。けれども教育というのは、ある程度窮屈《きゅうくつ》でなければいけないと教えてくれました。

お寺で坐禅を組む際、ときどき、巡回中の僧侶が警策《けいさく》で肩をパシンと打つことがあります。これは、居眠りしている人を見つけての罰ではありません。巡回中の僧がどこを見ているかと言えば、坐禅をしている人の手です。両手できれいな円が描けているのは正しい瞑想をしている証拠。少しでも心が乱れると、手で描いている円が乱れます。そのときに警策で打ち、体と心の滞りを流し、集中力を高めるお手伝いをします。これが道を修正する、叱るという行為です。

叱られたらそのたびに反省し、相手に食らいついていく、そういう人ほど信頼が置かれます。何かを極めたいと思えば叱ってくれる相手に近づくしかありません。近づいていかないとどんどん距離が離れてしまい、大事なことがいつになっても見えてきません。叱られるのは恥ずかしいと勘違いしている人がいますが、世間体や評価を気にするうちは芽が出ません。

よく、自分は若い頃つらい思いをしただけに、自分の子どもにはなるたけつらい思いをさせたくないと、つい甘やかしてしまうことがあると思います。でも、その子が社会に出てからが大変です。人生の坂を上ることができないのです。親が手とり足とりすべて線路を敷いてあげていると、優しく注意されただけでも思考がかたまってしまうのです。社会に出れば人生山あり谷ありです。目の前に立ちはだかる坂を自分の努力で上りきるよう強く育てなければなりません。

人は成長するために、ある時期、強烈なプレッシャーと闘わねばならないものなのです。その人が置かれた状況がどんなものであれ、その状況はその人自身が乗り越えなければならない「壁」だからです。

親や上司や師匠やその他の先輩たちが、そのプレッシャーから守ってあげるのは、一見すると愛にあふれた行為に見えますが、実は全くの逆。その人の大事な「成長する機会」を奪っているだけです。その人にやってくるプレッシャーは、その人がその時期に乗り越えるためにやってきた定めなのですから。

だから涙を呑《の》んで見守ったり叱ったりすることが、ときには求められます。

強い信頼関係はそこから生まれます。あれをしろ、これをしろと言わない、いわゆる伸び伸び教育が注目されていますが、ときにはそれがマイナスに作用することがあります。

生きていく上では、ある時期窮屈な環境に耐え、プレッシャーのなかで「自ら乗り越える」ことが必要になる場合も多いものです。きちんと叱ることで、どんなときでもぶれない心を育てることができるのではないでしょうか。何かを教えるという現場では、放任するだけでなく、いいタイミングで厳しく指導したり、自立心や協調性を教えたりすることも必要なのです。

それによって大人もいい勉強になります。たとえ子どもが反発してきても、しっかりと向き合い納得させる。一度でも手を抜くと大人と子どもの立場が逆転し、秩序が保たれなくなります。とてもめんどうなことですが、ここがいちばん大切なのです。

怒りは、お互いの成長を止めてしまうブレーキです。

自分の感情に任せて怒鳴っても、叱ったことにはならない。
叱られたことに腹を立てては学んだことにならない。

一つ褒めて、一つ助言をする

叱るという言葉の反対語に「褒める」があります。

よく、人は褒めて伸ばそう、褒めて育てよう、などと言いますが、私はずっとその言葉に違和感がありました。

まだ本山で修行中の頃、師匠を囲んで先輩僧侶二人が議論したことがありました。テーマは「育てかた」。「厳しくしないと育たない」と主張する先輩に対し、もう一人の先輩は「褒めないと育たない」と主張します。師匠はいいタイミングで「叱るべきときは叱る、修行僧のご機嫌をとるようでは人は育たん」と言いました。

たしかに褒めて育てる先輩の下で修行をしている僧侶は、作務をよくこなし、使う側とすれば都合がよいのです。褒めると育っているのは確かでした。

しかしそういう人は、与えられるのを待つという指示待ちの傾向が強く、応用力に問題がありました。また厳しい言葉やプレッシャーに弱いという共通点があります。

でもだからといって、厳しいだけでも人は育ちません。萎縮《いしゅく》する向きが強くなり、相手の顔色ばかりを気にするようにもなります。

私はこのテーマに対して、長いこと、自分の結論が出ませんでした。でも東日本大震災後にNHKから依頼を受けて出演した番組を見た弟子の一人から「被災者の立場に立ったご発言に感動しました」と言われた瞬間、腑に落ちました。その弟子は、とても純粋な気持ちで私を褒めてくれたのです。その言葉を私も素直に受け止めることができました。

「そうか、褒めて育てるという言葉にずっと違和感があったのは、そこに作為《さくい》的なものを感じたからだ」

本当に褒めるべきことをしたのなら褒めるべきですが、「褒めれば育つから褒めよう」というのは本末転倒です。

自分が一所懸命努力したときに、誰かから「がんばったなあ、よくやった」と褒められると、もっとがんばろうという気持ちになります。まさにそれが褒めるべきタイミングです。

逆に、努力していようがいまいが、そんなことに関係なく、いつでも褒められると、本当に自分のことを見て評価してくれているのか、疑いたくもなります。また、褒め言葉に慣れてしまうと、次第にそれがあたりまえとなり、自分の力を過信してしまうという危険性が出てきます。褒められないとがんばれなくなってしまうこともあるでしょう。

叱ってばかりでも人は成長しませんが、努力をして結果が出たときには大いに褒め、成功体験というものは素晴らしいものだという喜びも実感させるべきです。

そして、そのタイミングで次なるステップのアドバイスをする。一つ褒めると同時に一つ助言する、これも重要です。褒められるときは、相手の話に耳を傾けようという気になっていますから、「もうちょっとこうしたほうがいい、そうしたらもっとよくなるよ」と、アドバイスを聞かせる絶好のタイミングなのです。

いつも自分を冷静に、そして客観的に見て、次のステップを目指すような謙虚な人に子どもを育てあげるのも親の役目です。

がんばりを
心の底から認めたときが、
褒めるべきタイミング。

やみくもに褒めてばかりいても、相手の心には響かない。
声かけ上手は育て上手。

泣かせる話より笑える話をしよう

近年、笑うことの効能が世界的にも評価されています。

つまり健康法として、身体の免疫力向上という点から医療界で広く認知され始めたのです。誰しも笑うと気持ちが明るくなります。笑顔は人間関係の潤滑油ですから、笑顔の数だけ、プラスのエネルギーが世界を飛び回っていることになります。仏教でも笑うことは心身ともによいと言われます。心が通い合うツール、それが笑いです。

以前、お笑いの世界の方に言われたことがあります。

実はその方、吉本興業に所属する有名なお師匠さんですが、私に「塩沼さんの講演は笑いが足りない」と言うのです。「まじめなだけでは、何かを伝えるときにパンチが足りない」、彼はそう言います。いわく、人間、まじめな話とか感動する話というのは、意外とすぐに忘れる。でも笑った話はずっと覚えているものだと。

「坊《ぼん》さんも芸人も同じやと違いますか？　いったん人前に出たら、パーンといかなあかんのですわ」

そこで出たのが、有名な良寛《りょうかん》さん（江戸時代の僧侶）と甥《おい》っ子の話でした。良寛さんの甥っ子で放蕩《ほうとう》息子として有名だった馬之助が改心したのは、ある寒い冬の日、帰り支度《じたく》をする良寛さんの草鞋《わらじ》のひもを馬之助が結んでいるときに、馬之助の首筋にポタポタと落ちた良寛さんの涙だったというエピソードがあります。この話を聞いた人は、人の涙ほど心を強く動かすものはないとわかります。

「でもね」と、その芸人さんは言います。「首筋に熱いものがポタポタ落ちて来た。馬之助がハッと見上げる。何とそれは良寛さんの鼻水やったんです！」

「これでもええんちゃいますか」と言われましたが、さすがに私はお坊さんですのでそういうわけにはいきません。

感動する話、泣ける話は重要です。人はその話のなかにあるエッセンスを、自分の人生に照らし合わせようとします。そこで生まれるのが学びです。

しかし感動する話や泣ける話と同じように大切なのが笑いです。人は笑うことですっきりします。嫌なことやモヤモヤした気分が吹っ飛びます。これも人生という道を走るために必要な燃料なのです。

その件があって以来、私は少しばかり楽しい話を増やすようになりました。

ただし、それもＴＰＯ（時、場所、状況）が大切です。無理やり笑わせる必要はありませんし、聞き手の「笑いレベル」をきちんと分析しないと、お坊さんの領域を超えてしまうことがあるからです。また真剣な討論や会議の場では、とくに気をつけるべきでしょう。

大勢の人でなくても、自分の身近にいる人を笑顔に変える。明るく元気に笑うムードメーカーを心がけると、人生がよい方向に変化するものです。

笑顔が増えれば増えるほど、
プラスのエネルギーが飛び回る。

笑うことで、モヤモヤした気分をすっきりさせることができる。
しかも、笑った話はずっと記憶に残っている。

自分と約束を交わし、それを守る

何かを受け、それを伝える。こうしたコミュニケーションは自分以外の他者との間にあるやりとりと思われがちですが、実は「自分とのやりとり」も大切です。自分とのやりとりで大切なのは、自分と「約束」を交わす、そして決めた約束を絶対に「守る」ということ。自分自身との約束を守らないと、一生後悔の念が消えません。自分との約束はそういう意味でも重要です。私たち修行僧の修行とはまさにそういうものです。

しかし、この約束は他人からは見えません。見えないからこそいちばん大切であり、これがなければただ行をしただけ、肉体を酷使しただけということになります。私が自分と交わした約束は「今日より明日、明日より明後日」と情熱を失わず、日々精一杯行に挑み続けるということでした。

大峯千日回峰行では、険しい山岳地帯を毎日四八キロメートル歩きますので無事、安全に行ができるようにもう二つの約束を交わしました。

一つ目は「準備を怠《おこた》らない」ということ。

持って行く装備は合計三八種類、身につける袋は四つ、袂《たもと》に蝋燭《ろうそく》を二本。前日に声に出して指さし確認までしているのに、不思議なほど、どこかで必ず忘れ物が発生します。極限状態のなかにあるからでしょうか。たった一つ忘れただけでも命とりになることがあります。

だから行が始まる前に忘れそうなものをビニール袋に入れて山中に穴を掘り、さらに埋め戻した場所には目印となる石を置きました。これは準備の前準備です。経営学的に言えばリスクマネジメントに相当するかもしれません。

山中にロープを持って行くことも大切です。行を始める前に「ここはがけ崩れが起きそうだな」という場所があり、念のためにロープを持って行ったのですが、本書をお買い上げいただき、誠にありがとうございました。
質問にお答えいただけたら幸いです。

◎ご購入いただいた本のタイトルをご記入ください。

『　　　　　　　　　　　　　　　　　　　　　　』

★著者へのメッセージ、または本書のご感想をお書きください。

●本書をお求めになった動機は？
①著者が好きだから　②タイトルにひかれて　③テーマにひかれて
④カバーにひかれて　⑤帯のコピーにひかれて　⑥新聞で見て
⑦インターネットで知って　⑧売れてるから／話題だから
⑨役に立ちそうだから

生年月日	西暦　　　年　　月　　日（　　歳）男・女		
ご職業	①学生	②教員・研究職	③公務員	④農林漁業
	⑤専門・技術職	⑥自由業	⑦自営業	⑧会社役員
	⑨会社員	⑩専業主夫・主婦	⑪パート・アルバイト	
	⑫無職	⑬その他（　　　　）		

ご記入いただきました個人情報については、許可なく他の目的で使用することはありません。ご協力ありがとうございました。

郵 便 は が き

お手数ですが、
切手を
おはりください。

1 5 1 0 0 5 1

東京都渋谷区千駄ヶ谷 4-9-7

(株) 幻 冬 舎

書籍編集部宛

ご住所 〒 都・道 府・県	
	フリガナ お名前
メール	

インターネットでも回答を受け付けております
https://www.gentosha.co.jp/e/

裏面のご感想を広告等、書籍の PR に使わせていただく場合がございます。

幻冬舎より、著者に関する新しいお知らせ・小社および関連会社、広告主からのご案内を送付することがあります。不要の場合は右の欄にレ印をご記入ください。 不要 □

行を始めて数年目に見事に崩れました。

水もペットボトルに入れて何本も山中に置きました。水は最も貴重でしたから、非常時の予防線です。

二つ目は「一分も違わないように同じ時間に戻って来る」ということ。

これは本当に重要でした。二四時間のうち一六時間は山歩き、残りの八時間で睡眠を含めた生活面のすべてをこなします。毎日の睡眠が四時間半、だから残りは三時間半ですが、装備、食事、その他のことをやっていると、あっという間になくなります。仮に一七時間とか一八時間かけて山から戻ると、睡眠時間がどんどん減ります。同じ時間に戻るというのは、まさに命に関わることでした。

こうした約束ごとがあるから、無事に行を乗り越えられたのだと思います。約束を守るということはとてもあたりまえのことですが、つい妥協してしまいたいこともあるでしょう。でも、一〇年かけて築きあげた信用も、たった一日ですべて失うこともあるのです。ですから約束を守るということは基本中の基本です。

約束は
目には見えないけれど
いちばん大切。

自分と交わした約束は必ず守る。

第三章

自分がどれほど満たされているかに気づく

あの世と呼ばれる場所がどこかにある

二五〇〇年前、お釈迦さまはあの世のことについて聞かれたときは一切お答えにならなかったそうです。これを捨置記《しゃちき》といいます。

この世は永遠か無限か、あの世はあるのかないのか。二五〇〇年前もそんな質問をした人がいたようですが、わからないものはわからないと、お釈迦さまは無意味なことには一切お答えにならなかったのです。

わからないものにいつまでもとらわれていると、あっという間に大切な人生が終わってしまいます。そもそも検証のしようがないものに執着すると、人生がムダになることがあります。実にもったいない話です。

わからないものは捨て置け、これが捨置記です。

しかし、現代の人たちにしてみれば、とても興味があることだと思います。普段はあまり話す機会はないのですが、私は行者《ぎょうじゃ》として山を歩いていたとき、不思議なものを見る、聞く、そんな体験をたくさんしました。

空中に浮かぶ仏さまを見たり、数百年前の武者の姿を感じたり……。幻視《げんし》、幻《げん》聴《ちょう》のたぐいかもしれませんが、そんな体験した人間として言わせていただくと、あの世と呼ばれる場所がどこかにあるのではないかなと、個人的に感じています。修行という非日常的な場では、自然と見えたり聞こえたりしますが、その能力をつけるために修行するのではありません。

ある著名な科学者とお話しした際、その方が「あの世がある確率は五〇パーセント、ない確率は五〇パーセント、しかし五〇パーセントという確率は科学の世界では驚くほど高い」とおっしゃっていました。そう考えると、仮にあるとすればあの世とはどんな場所なのか、ちょっと好奇心が湧きます。

でも、そこに執着することはありません。いくら考えてもわからないことはわからない、いずれわかるときがくるかなあくらいに思うほうが気が楽だからです。

大勢のご先祖が「命のバトン」を渡してくれたからこそ、今こうして私自身がこの世に存在します。ご先祖さまがあの世と呼ばれる場所で見守ってくれていると思うからこそ先祖のお墓参りにも行くのでしょう。

神道ではそれを、八百万《やおよろず》の神々に見守られていると言います。私たちが持つべき心、それは先人たちや自然界に「生かされている」という無垢《むく》な気持ちであり、すべてに守られていると感謝する素直な心です。

見えない話のついでに言えば、私には胎内《たいない》記憶があります。

長い鬚《ひげ》を生やした白い装束《しょうぞく》の男の神さまのような人に手をつながれた幼い私は「ここにいるんだよ」と言われ、「うん」と答えました。そこはキラキラと輝く母の胎内でした。ゆったりとした空間には優しい時間が流れていました。このままずっといられたらいいのにという記憶が今でも残っています。

子どもの頃、その話をすると家族に笑われましたが、母が妊娠していた当時、町内で起きたこと、家庭で起きたこと、多くの事実を誰からも聞くことのない立場の私が次々と口にしたことで、大人たちは驚愕《きょうがく》しました。

人生には不可思議なことや、いくら考えてもわからないことがあります。あの世があるかないかと答えを求め、それがわからないうちはと言っていると、あっという間に時間がすぎ去ってしまいます。それより今このときをどう生きて、どう人生を刻むかが重要なのです。

いくら考えても
わからないことで
悩まない。

検証しようがないものに執着しても、答えは得られない。
とらわれていると、貴重な時間だけがすぎてしまう。

宗教を持たずとも、信仰心を大切に

大いなる自然との共生心。

それが、神道をはじめとする日本人の原風景だと感じます。

そこに仏教という生きかたを説く教えが大陸から伝わってきました。

食事の前にはいただきますと手を合わせます。それは命をいただくからです。食べ終わったら、ごちそうさまと手を合わせます。命をいただいたことへの感謝です。「お天道さまが見ているよ」「そんなことしたら罰が当たるよ」という言葉にも、私たちを超える存在、じっと見守る存在があるという意味が込められます。

線香の立てかた一つでも、その人の心の状態がわかります。真っすぐに立てようとするから真っすぐに立てることができます。

相手をいらだたせるようなことをして平気でその場の雰囲気を壊すことをする人は、あらゆる存在に対して優しさや思いやりが足りません。昔の日本の家庭における教育はそういうところを日常の生活のなかでたたきこまれました。

心を正すには、礼儀を徹底するしかありません。人間関係というのは、礼に始まり、礼に終わるもの。親しき仲にも礼儀ありとは真理をついた言葉です。

自然と共生し、自然に敬意を払う。

礼儀を重んじ、節度を保つ。

それが日本人です。

一般の家庭に生まれた私は出家する前、宗教のことをよく知りませんでした。家に神棚があり、仏壇がありましたので、最低限の信仰心はありました。毎朝、祖母や母が手を合わせているのを見よう見まねで覚え、線香をあげて鈴《りん》を鳴らしました。神棚の前では二拍手して首《こうべ》を垂《た》れます。幼い頃から無意識にやっていました。

最近は神棚も仏壇もない家が増えていますが、これは残念なことです。私たちが自然界、ご先祖さま、神々さま、実に多くの存在によって生かされているという事実を教える場が、消えているということです。

ちなみに日本人の場合は、諸外国とくに欧米系の人々と違い、宗教というよりも、むしろ信仰心を大切にしてきた気がします。

信仰というのは宗教とは違い、自分の心でするものであり、一人でできるものです。どこかの施設に行ったから、あるいはたくさんのご寄付をしたから、神仏に優遇されるわけではありません。信仰とは心でするものです。

一日の生活のなかで、よいことを心がけ、悪いことはしない。朝起きると「今日も一日、よろしくお願いします」と手を合わせる。夜寝る前に「今日も一日、ありがとうございました」と手を合わせる。

たったこれだけでも立派な信仰だと思います。

自然と共生し、
敬意を払う。
礼儀、作法を重んじ、
節度を保つ。

仏教の教えは難しいものではない。
一日の生活のなかで、よいことをし、悪いことはしないという
シンプルな行為。

誰かの幸せのために祈る

お坊さんには三六五日、朝と夕方に勤行《ごんぎょう》があります。読経だけでなく、心のなかで世のなかの平和や誰かのために陰ながら祈ることはとても大切です。

「今日も一日家族が幸せでありますように」「縁のあるすべての人が健《すこ》やかでありますように」と真から祈る心は必ず大自然に通じ、その功徳がまわりまわって自分の心の潤いとなります。念ずれば通ずというように、心のなかでよいイメージを持つことにより実現しやすくなります。おそらく、イメージした時点で自分の心が変わるからです。そうすると、行動が変わり、周囲の環境も変わっていきます。

決して特別な宗教に入っていなくても祈りは誰にとってもできることであり、私たちは誰かのために祈ったり、誰かから祈られたりしながら生きています。

私のお寺は月に二回護摩《ごま》を焚《た》くのですが、息もできなくなるほど大きな炎を前にした猛烈な熱さのなか、皆さまからお預かりした一本一本の護摩木を投じ、一心不乱に祈りをこめます。すると、それを見ている方々が「自分も精一杯生きてみようと思いました」「迷っていた心が、すっきりしました」と言われてお帰りになります。

誰かのために祈ることで、逆に誰かにエネルギーを与えられていることが、実に不思議です。心のなかで誰かの幸せのために祈るということは素晴らしいことです。

あたりまえの日常において、出会った人すべてのご縁を大切に考え、慈しみの心を持って多くの人とともにに生きる、これが何よりの修行であり、尊いことだと思います。

意見の違う人といつまでも争っていたのでは、平和はいつになっても実現しません。

それよりも、誰が見ていても、あるいは見ていなくても、今、向き合っている人を思いやり、自分に与えられた仕事を精一杯させていただき、今日一日を純粋な気持ちで生ききる。そんな人こそ本物であり、この世界が平穏な形へと変わる原動力となります。

世のなかに、そんなきれいでピュアなエネルギーが蔓延《まんえん》すれば、憎しみや恨みや争いごとが少しずつ消える、私はそう信じています。

まずは今の自分が、今できることから少しずつ始めましょう。

誰が見ていても、
見ていなくても、
思いやりの心で
やるべきことをする。

今日一日を純粋な気持ちで生ききる。
その積み重ねが、世のなかを平和にする原動力。

運気には「天地の法則」がある

具体的に表現することは難しいのですが、それでもあえて言うと、この世には何か「決まりごと」のようなものがあるように思います。

太陽のまわりを地球がまわるように、天体の運行にはある一定の決まりごとがあり動いています。それと同じことが、私たちの身近なところでもあるような気がするのです。よいことをすればよいことが返ってくる、その逆もしかり。昔から言われる教訓ですが、先人たちはエネルギーが作用・反作用というしくみで動いている事実を知っていたのでしょうか。

自分の心の向いた方向に、エネルギー、すなわち運気が運ばれます。それを私たちは「運」がよいとか悪いとかと呼んでいます。要は今の自分の心がどちらを向いているのかということです。

人はよいことがあると「自分はラッキーだ」とほほ笑みますが、悪いことがあるとすぐに「自分だけアンラッキー」と悲しみます。自分の内側ではなく、外側からもたらされることに、いつも左右されるのです。

まず理解しておかなければならないこと、それは外的環境はいつもよいことばかりが起こるわけではないということです。晴れの日もあれば雨の日もあるように、どうにもならないことをどうにかしようといつまでもとらわれないことです。どうにもならないこと、思い通りにならないことに対して、どうにかしたいというとらわれを捨てると、それまでの迷いがなくなりますので、心にある葛藤《かっとう》が消えます。悲観は一瞬で楽観へと切り替えられるのです。

そのためには目の前のことに一喜一憂しないこと。「なるほど今回は、これもしょうがないなあ」と、受け止めて「何で」「どうして」といつまでもとらわれず、心を次に向けて明るく前向きにイメージすることです。この法則がわかり、実践すると、不思議なほど良運、良縁がやってきます。

すると不思議と、マイナス的なことがだんだん少なくなってくるのに気づきます。もし、外側からマイナス的なことがきても内側でプラスに転換できれば、自然によい方向に運ばれていくのです。心が正しければ行ないも自然とよくなり、仕事も人脈もよいほうに向いていくでしょう。行ないが正しければ運気はプラスに向かい、誤っていればマイナスに向かう、それだけの話です。

心と行ないがプラスで循環していると、人間関係のトラブルで悩むこともなくなるでしょう。

おそらくこういうことを体得するために、僧侶たちは必要最小限の生活のなかで自己を見つめるのでしょう。そして一つの悟りを体得した後は、それを一般衆生《しゅじょう》にわかりやすく説く役目があるのです。

皆さんも現世において、このことをイメージして生活を心がけると、人によっては、僧たちと同じレベルの生きる喜びを実感できると思います。

そのためにはまず、信仰心を持つこと、正しい心を持ち正しい行ないをすること、思いが純粋であること、礼儀をわきまえ自己中心でないこと、約束を守り絶対に嘘をつかないこと、こういうことが基本となります。

そしていつも明るく笑っていること。運は自分で引き寄せるものです。心の向いている方向に人生が運ばれます。

目の前のことに一喜一憂しない。

何事もラッキーとかアンラッキーとか、表面的なことばかりに気をとらわれない。

ひもじい思いが体の機能を強化する

食事に関して、かつてこんなやりとりがありました。

師匠が八千枚大護摩供《く》に入る前のいわば前行《ぜんぎょう》として、百日間、五穀《ごこく》と塩を断ったときのことです。百日間も塩がとれない状態は、体にとって危険なことです。大丈夫なのかと親しい方に尋ねられた師匠の答えは、今も記憶に残っています。

「そういう状況では、ほうれん草を食べても塩分をとろうとする。私たちの胃腸は、普段ほうれん草から塩分なんてとらんでしょうが、いざとなると人間本来の機能が働き、お腹に入ったものをすべて吸収するようになるんですな」

人は追い込まれると、眠っている力が動き始めます。私自身、かつて行なった大峯千日回峰行や四無行そして八千枚大護摩供で、それを何度も身をもって体験しました。

ときには、ひもじい思いをする。

今の時代にはそんなことは不要と笑う方も大勢いらっしゃると思いますが、こういう時代だからこそ必要だと、私は思います。

そのためにも「粗食《そしょく》」が大切です。

「あれが食べたい。これも食べよう」とついつい食べすぎてしまうと、胃腸本来の機能が発揮されません。腹七分目か八分目、それが重要です。満腹感は頭も体も心も鈍らせます。

逆に、粗食を続け、空腹でお腹が鳴るくらいの状態なら頭が冴《さ》えます。さらに、粗食と運動がセットなら、これほど最適な状態はありません。

あとはまんべんなく食べること。お坊さんでも元気な人は何でも食べて腹七、八分目です。

そういえば粗食と運動を兼ね備えた千日回峰行では、行が進むと五感が異常に冴えわたりました。山の空気や風の流れを読めるだけでなく、はるか海の向こうで台風が発生したことまで感じとれました。毎日、午前〇時三〇分に通過する道があるのですが、そこで嗅《か》ぐにおいで「今日は雷が鳴る」というのが直感でわかりました。今でも天気予報は、ほぼ当たります。

四無行のときには一切の水や食物を九日間にわたり断ちますので、さらに感覚がとぎすまされます。普段聞こえないような音も聞こえる。また、同じ部屋の見えない所で作業してくれている修行僧のにおいがして誰がいるのかがわかります。さらに、私に何か伝達があり話しかけようとしたときに、先に私がその答えを言うもので、なぜわかるのかと皆不思議に思うほどでした。

私は行に生きる役割があったので行にあけくれましたが、そのおかげで皆さんに自分が体験したことをお伝えできます。そして是非、皆さんには、ほどよい加減でよいあんばいで、身心共に健全になっていただきたいと思います。

何ごともキツすぎても、ゆるすぎてもいいことはありません。何か一つほんの少しだけ足りないほうが、本来持っている力を発揮できると思います。

食事も同じことで、食べすぎても食べなすぎてもいいことはありません。よいあんばいを自分で見つけ、どんなときでも感謝できる心と出会うことです。

追い込まれると、
眠っている力が働き始める。

人間には、使っていないさまざまな能力がある。
何かが少し足りないとき、本来持っている力が発揮される。

夢や目標を話すときは、オーバーなくらいがちょうどよい

目には見えませんが、心と言葉と行ないはすべてつながっています。

だからよくある「心にもないことを言ってしまった」というのはあり得ません。心のどこかにあるからつい口に出てしまうのでしょう。

前向きの言葉が多い人は心が前向きで元気な人、後ろ向きの言葉が多い人は心が後ろ向きで元気がなくいつも愚痴ばかりです。言葉はイメージとなり、イメージしたことは実現しやすいので、前向きであれば前向きの現実を、後ろ向きなら後ろ向きの現実を作ります。

ですから、もし自分の夢や目標について話す機会があれば、叶うか叶わないかギリギリの少しオーバー気味に語ってください。

これは私が二〇歳のときの話です。まだお寺に入って日が浅かった頃、すべての先輩が集まっていた場で、私は師匠に尋ねられました。「亮潤君、きみの将来の夢はなんだ？」

そのとき私はこう答えました。

「はい、私は東京ドームで講演するようなお坊さんになります」

その瞬間、大爆笑の渦《うず》です。おまえは阿呆《あほう》か、講演なんてできるわけがないだろう、と。私だって笑いをとろうと狙ったわけではありませんが、結果として笑い者になりました。

私は自他ともに認める口下手でした。早口で、もごもごと喋り、どもりもありました。当時の私は三分どころか三〇秒の話もこなせませんでした。そんな私を知っているからこそ、先輩方は爆笑したのです。しかし、本気で思っておりましたし、今でもその夢は持ったままです。

実はそのとき私の頭にあったこと、それは東京ドームという大きな夢を持っていたら、人生の最後には宮城県民会館くらいで講演できるようなお坊さんにはなれるかもしれないという、根拠なき自信でした。しかしそのためには、当時日本で一番大きかった東京ドームで講演をと心で念じる、そして口にする必要があると考えたのです。

もしそれが宮城県民会館でと念じ、口にしていたら、県民会館よりも小さな所でできるかできないかだったと思います。「こいつ、阿呆だな」と思われるかもしれませんが、それくらいスケールの大きいことを言葉にし、それに向かって努力していないと運は引き寄せられません。

ちなみに私の人生初の講演会はどこだったかというと、何と宮城県民会館でした。人生って、本当にわからないものです。今は東京ドームより横浜の日産スタジアムのほうが大きくなりましたのでいつか七万人の前でという夢を持っています。

前向きな言葉はよい運につながります。一つのエネルギーですから自然と自分の思った方向に運ばれます。

愚痴や不平不満が多い人と一緒にいるとマイナスのエネルギーを浴びるので疲れます。そのまま引きずってしまうと運気が下がりますので、逆の環境、つまり楽しいことを語る人、明るい人とすごすようにしています。

明るい心で夢を持ち、いつも挑戦していると、不平や不満がだんだん少なくなります。夢なんてそう簡単に叶うものではありません。だから楽しいのです。時間を忘れてしまうほど夢中になれる、人それぞれの役割に没頭する。このプラスのエネルギーの環境に自分を置くことが必要なのです。

心のどこかにあるから、口に出る。口に出すから、行動になる。

言葉の持つエネルギーは強大。
前向きな言葉を使うと、前向きな現実を作り出せる。

自分が構えている間は、相手も構えている

お坊さんとして大事なこと。一に勤行、二に掃除、三に追従《ついしょう》、四に阿呆。これは師匠に教わった言葉です。追従というのは、相手を喜ばせることです。人を喜ばせ、阿呆になりきるということは「自分が」という自我があったのではできません。お坊さんには厳しい修行がありますが、それはできてあたりまえ、それ以上に日常の行すなわち人間関係という里の行のほうが大事であると師匠はよく言っていたのです。

誰にでも嫌いな人がいて普通だと思います。逆に嫌いな存在がいるからこそ、自分が成長するということも事実です。考えてみると嫌いな人は自分を磨いてくれる砥石《といし》のような存在であると感謝しなければなりません。

私だって嫌だなと思っていた人もいました。が、今はとても仲がよく、メールでも連絡を取り合う仲です。それができるようになったきっかけは、自分が相手を嫌う心を捨てきらなければ、その人に嫌な雰囲気を与えてしまうと気づいたとき、心から懺悔《ざんげ》したのです。それに気づくまでは相手にも嫌な思いをさせたことがあったことでしょう。その事実を客観的にとらえることができたのです。

どんないきさつがあっても、自分から許すことが大切です。許すことは負けを認めることではありません。こちらが構えている間は相手も構えているのです。それらがわかり、私はようやく阿呆になることができました。その瞬間から嫌いだと思っていた人と笑い合えることができたのです。

許すということは相手の存在を受け入れることであり、負の感情に縛られて不自由だった自分を自由にする、解放するということです。自分の対応を変えることにより、相手の心も自由にしてあげることも可能だということです。実は嫌だ嫌だと思っている人にふりまわされているというケースが多いのです。逆に嫌いな人が自分をふりまわさないような、大きな人間的魅力を身につけることなのです。それができるようになると人生がとても楽しくなります。

気持ちが緩《ゆる》むと発想が豊かになり、表情も豊かになります。あの修行時代の経験も、きっと仏さまが人を介して未熟な私を鍛えてくれたのでしょう。そう思うと、急激にありがたい気持ちが湧きあがります。

人生のなかで出会うすべてのご縁に意味があるのです。人生をふりかえってみると無駄なことなどないのです。

自分からどうしても許せないものを許すように心を成長させるとすべてが変わります。

心も、環境も、人生のすべてが変わります。同時に自分を解放することができます。すぐにできなくてもいつか必ず許せる日を夢見て、あせらず目の前のことをぼちぼちと……。

許すとは、相手の存在を受け入れ、自分を解放すること。

相手を許すことは、自分の負けを認めることではない。自分から許せば、自分も負の感情から解き放たれる。

「闇から光へ」と転じる生きかたができるか

人の生きかたには、四種類しかないとお釈迦さまが説いています。

光から光へと生きる人、光から闇へと生きる人、闇から闇へと生きる人、闇を転じて光ある世界へ生きる人。光とは我々が理想とする生きかたをあらわし、闇とはあらゆるとらわれなどの自分にとって嫌な人やできごとです。この四つのなかで最も大切なのは、自分が闇としか思えないようなことを光に変えて生きることができるかどうか、です。

人生にはつらいなと感じることがあるのは、自然な感情だと思います。しかし、心を明るく持ち精一杯生きていると、あるとき「あっ、そうなんだ」と、それまで嫌だと思っていたことが緩まる瞬間があります。どこかで必ず来ます。腑に落ちるとも言います。

そのときが、闇から光へと転じるきっかけなのです。

今まで「何でだろう」「どうしてだろう」と、自分にとって闇としか思えなかったようなことが、「あっ、これがあったからこそ自分が成長できたんだ」と何とも言えない喜びに包まれる瞬間です。

同時に「ありがとう」と感謝の気持ちがこみあげてきます。長年の迷いから解放されたことが嬉しくて、涙が止まらないのです。そのときの感動は、まるでお寺で鐘を突いたときの「ゴーン」という音が全身に響き渡ったような衝撃でした。

そしてさらに不思議なことは、その日、ラジオ番組への出演依頼と初めての著書の出版依頼が、いっぺんにやってきたのです。おそらく仏さまはすべてを見ておられ、私にその役割を与えてくれたのでしょう。またそこまで自分を成長させてくれたご縁のあったすべての人に感謝です。

私が捨てたもの、手放したものは嫌いな人に対するとらわれです。人間である以上、つい嫌だなと思ってしまうのはしかたがありませんが、なるべくそのとらわれから自分を解放してあげなければなりません。日々の生活のなかで真に生きる努力をしていると、いろいろな経験のなかで次第に心が変わるときがあります。そんな変わるタイミングが誰にでも訪れます。

すると過去に対する思いが変わり、自分のこれからの未来も変わります。考えかたが変われば、より前向きに考えることができるようになり、運が開けます。

なぜそれができたか、それは簡単です。

「誰に対してもわけ隔《へだ》てのない人間になりたい」という夢を一瞬たりとも忘れずに努力し続けたからです。一度食らいついたら、達成できるまで放してはいけません。そういう強い部分もないといけないでしょう。何ごとも根気よく、目の前にある階段を一段一段のぼりつめていかなければなりません。それが人生というものです。

「許せない」という
執着を捨てる。

恨みや憎しみという感情は、消そうと思ってもなかなか消せない。
それでも、その気持ちが緩まる瞬間は必ず訪れる。

第四章

よいことにも悪いことにも執着しない

身につけたものを捨てたとき、人は成長する

断捨離《だんしゃり》、捨てること。このキーワードはすっかり定着した感があります。

人生とは理想と欲の間で揺れながら生きるもの。振り子がどちらに振れるかはそのときの自分の心一つです。そして欲深いのはいけないとわかっていても、どうしても執着してしまう、それもまた人生。お金、装飾品、住宅、食事、人間関係、さまざまな執着が私たちを欲望へと誘います。

私が本山に入ったばかりの頃、師匠が小僧たちにこう言いました。

「きみたちは収穫されたばかりのじゃがいもだ。それも土まみれのじゃがいもや。土まみれのままだと食べられない、だから盥《たらい》に入れて盥の中でぶつかり合ってきれいになる。これが自我を落とすということや。お寺に入ってもしばらくはまだ

自分が自分がという我欲が残っている、それは修行の邪魔になる。集団生活では自我を出してはいけない。知恵は勉強すれば身につけることができるけど、知慧は集団生活のなかでないと身につかへんで」

捨てるということの重要性が、小僧にはよくわかりません。

やがて忘れきる、捨てきる、許しきることの大切さを学びます。私はこれを「感謝の三種の神器」と呼んでいます。その根底にあるのが、行を終え、行を捨てよ、この精神です。いったん身につけたものを捨てる、そのときの感情も捨てる。修行したこともそしてもし悟ったとしても悟ったことさえも執着しないということです。自分は悟ったんだぞと、そこにとらわれるという状況は自分の成長を止めることになります。人は捨てることで成長を続ける生き物です。

そうは言っても人生はままならないもの、執着にとらわれてしまうのはある程度はしかたがありません。しかしいつまでも欲が強いと自分本来の生きかたが見えなくなります。

うちのお寺ではたくさんの野菜を作っています。でも作物はこちらの思う通りには生長してくれません。水や肥料や土の状態を万全に整えても、自然環境は人間がコントロールできませんから想定外のことが起きます。執着を捨てた瞬間、作り手の心が身軽になります。野菜とのコミュニケーションがとれるようになり、いい野菜が作れるようになります。

世のなかには自分が間違っていると思い込んでいる人はいません。だからコミュニケーションでトラブルが起き、人間関係がややこしくなるのです。つまり自分は間違っていないという思い込みこそ、すべての火種《ひだね》であり、捨てるべき感情です。内容的には正しいことを話しているのに、なぜか周囲に支持されないことがあります。場の空気を読んでいないのです。とにかく正論を出せばいいという思いは捨てるべき感情であり、最も大切なのは謙虚であるということ。

調和することの重要性がわかれば、自《おの》ずと捨てるべきものを捨てていて、トラブルが起きなくなります。

「自分は間違っていない」という思い込みがすべてのトラブルの火種。

勉強すれば知恵を得られるが、よりよく生きるための知慧は集団の中でしか学べない。

窮地は自分が招いたものと考えてみる

四無行については先述しましたが、そこで得たのは肉体的な苦痛だけでなく「すべてなるようにしかならない」という悟りでした。

この行でいちばん苦しいのは水が飲めないことでした。食べることはある程度まで我慢できても、一滴の水も飲めなくなると状況が一変します。吐く息やおしっこで体内の水分がどんどん減り、行の間（合計九日間）で一一キログラムほど痩《や》せました。体から水分がなくなり、血液が濃くなっていくのでしょう。脈拍がどんどん早まり、まるで全速力で走っているときのような鼓動へと変わります。

ここでアクシデントがありました。

四無行の行者は中日、つまり行の期間の真ん中に当たる日から、毎日午前二時に一回だけ、うがいで口をゆすぐことが許されています。先に四無行を行じた方からは「中日は四日目の午前二時」と聞いていました。今だから言えますが、私は「九日間の真ん中だから五日目の午前二時じゃないかな」と思っていたのですが、すでに体験された方のおっしゃること、自分が勘違いしているのだなと思い、行に入りました。

そして日数が経つにつれて、先述のような過酷な状態になりました。三日目から四日目へとさしかかろうとする頃には「あと数時間でうがいができる、お水を仏さまにお供えしたら自分もうがいができる」と、極めて朦朧《もうろう》とした感覚に支配されます。

そのとき友人の修行僧が血相《けっそう》を変えて飛び込んで来ました。「実は」と切り出した刹那《せつな》、私は察しました。やはりうがいは五日目の午前二時だったのです。修行僧は泣きながら「今回は四日目ということでここまで来たのだから、よいのではないでしょうか？　お師匠さんにも話してきます」と言ってくれましたが、私は「決まりごとは破ってはいけません」と断りました。

そして彼に「わざと間違ったわけじゃないので、決して誰も咎《とが》めないでくださ い」とお願いしました。行者というのは極限状態にいます。まして四無行は人生で一度しか行なわないもの、終わってしまえば覚えているはずもありません。だから勘違いしたのでしょう。相手を責めてもしかたのないことなのです。

仮にどのような状況や結果になろうが、自分でやると望んだ行であり、なるようにしかならない。会社や組織のなかで生きていれば必ずアクシデントは起こるものです。そこで怒りや恨みをぶつけたところで状況は変わりません。

窮地に追い込まれれば追い込まれるほど、平常心を忘れず笑顔と感謝の心を持つこと。そしていい意味で開き直ること、「なるようになる」と腹をくくることです。ポーカーフェイスで淡々と、これが運を引き寄せるポイントです。

どんなに努力しても、
なるようにしかならない
ことがある。

アクシデントは起きる。
誰かのせいにして恨むより、
それが自分の運だと割りきるほうが楽になる。

寿命や余命を気にすると、人生はつまらなくなる

祖母が亡くなったとき、しばらく涙が止まりませんでした。幼い頃から母とともに大変な生活のなかいつも一緒だった祖母です。明治生まれで戦争を体験し、裁縫で家族を養い苦労をした祖母を前にして、私はあふれる涙とともに「ありがとう、本当にお疲れさまでした」と手を合わせました。祖母はまさに、人生を生ききった人でした。

人はやがて死にます。それが宿命であり、宿命というのは変えることができません。生まれて来たことが宿命なら、死ぬことも宿命だからです。

だからこそ、寿命とか余命《よみょう》とか、そういうことは考えず、すべてを天にお任せすること。宿命なのですから、それにしたがい、そのときが来たら「では、お先

に失礼します」と言い、旅立つことが自然です。

ただし後悔しないよう、それまでは日々、精一杯明るく楽しく生きること。

どんな悩みも心の向けかた次第で変わります。

少し視点や角度を変えるだけで、それまで悩んでいたことが吹き飛んでしまうようなこともあります。しかし、病気で悩んでいる人にとって、考えかたを変えろと言われてもなかなか難しいでしょうし、それよりも気持ちを前向きに持って病を治すことを考えないといけないと思うでしょう。

家庭の環境、職場の人間関係などで思い悩み、死んだほうが楽だと考える人がいるでしょうが、死ぬくらいの覚悟があるのならもっとがんばれるはずです。世の中には若くして病になり、生きたくても生きられない人がたくさんいるのです。また世界には生きたくても生きていけない環境にいる人だってたくさんいるのです。

私は自害用の短刀を持ち、山で修行していましたが、一度も死んだほうがいいと思ったことはありませんでした。毎日が生と死の瀬戸際です。でもいつも自分よりもっとつらい思いをしている人がいる。その人たちのためにがんばろうと。

全力でやってみたいことを見つけてください。全力で打ち込み、誰かと一緒に楽しい時間をすごしてください。この世の中で誰か一人でも心が通い合う人、夢を語れる人がいると、つらいときや苦しいときの心のささえになります。

人は一人では生きていけません。自分から心を開いてわかり合える人をみつけてください。そしてまわりの人たちに多くのメッセージを残せるくらい、素敵な人生を送ってください。

最期の瞬間まで、人生を生ききる。

先のことを心配するよりも、今という時間を大切にする。
その積み重ねが幸せな未来をひらく。

諦めるとは勇気を試されること

修験道には「行者還り《ぎょうじやがえ》の精神」という言葉があります。

開祖・役行者《えんのぎょうじゃ》が修行中に断崖絶壁の厳しい岐路に立たされたとき、「これ以上進んでしまったら死んでしまう」と明らかに見極めて、道を引き返したというエピソードがあります。これは我々に「たとえ命がけの行であっても、決して無理をしてはいけない」ということを訓示しています。

役行者はいったんは断念しましたが再チャレンジし、見事克服しました。奈良県の天川《てんかわ》村と上北山《かみきたやま》村にまたがる行者還りという場所がありますが、この話に由来しています。

誰の人生にも撤退が必要な場面が登場します。そのときは明らかに見極めて、きちんと決断をくださなければいけません。もし執着してしまうと、自分が最も望まない結果を生んでしまうからです。まさに勇気が試されるタイミングなのですが、諦めるとは、明らかに見極めるということなのです。

一〇年以上一緒に暮らしていた私の伯父が、他界したときのことです。

伯父は胃がんの末期で、もはや助からないとわかっていたのです。力なく横たわる伯父に、私は「諦めな」と言いました。非情なようですが、思わずその言葉が出たのです。私は続けました。

「諦めるってのは、明らかに見極めるってことなんだよ。どうにもならないことは、どうにもならんのよ」

すると伯父は「諦めるか、いい言葉だなあ」と久しぶりに笑顔を見せました。

「だったら感謝しなきゃいけないな」と伯父は言います。ここまで生きて来られたことに感謝しないといけないと。その日から最期のときまで伯父に付きっきりで寄り添いましたが、感謝の世界に包まれた、まるで安心したかのような旅立ちでした。病になり死に直面すれば誰でも不安になり、人によっては自暴自棄になる場合もあります。

お坊さんは、そういう人たちに大安心《だいあんじん》を与えなければなりません。

この世に生まれて、年老いて病になって死ぬということは誰もが避けられない宿命です。人生は長さではなく、どう生きるかです。その定めのなかで精一杯生きて息を引きとる。この引き際を美しくするということも人として大切な生きかたの一つです。

撤退が必要なタイミングを見極め、再チャレンジする。

前進することだけにこだわると、失敗する。ときには断念することも必要。

家庭は社会で活動するためのルールを教える場所

幼少期における家庭でのしつけが人生を大きく左右します。

社会人となり、就職してから返事やあいさつ、整理整頓を教えなければならない会社がある。本来であれば親が子どもと向き合って何度も何度も教えなければならないことです。私は幼少期から母にかなり厳しくしつけられました。

「目上の人に口ごたえしない」「好き嫌いしない」「嘘をつかず、約束を守る」

一九歳のときに出家するまでこの三つのルールは徹底されました。でもやはり一〇代ですから「窮屈な家だな」と思ったこともありましたが、ふりかえってみると、このルールがあったから今の自分があるのだと感謝してもしきれません。

「目上の人に口ごたえしない」という徹底したしつけのおかげで世界中どこに

行っても年長者に敬意を払い、お付き合いできるので素晴らしい人との縁に恵まれています。

「好き嫌いしない」という訓練は社会に出て、嫌だなあと思うことやつらい仕事が与えられたときに役に立つのです。どんなときも誠意を持ってさせていただこうという気持ちでいると、仕事の縁にも恵まれます。

そして「嘘をつかず、約束を守る」ということは、人としての信頼につながります。

すべて社会で生きて行くために不可欠な要素です。

学校が学問を教える場所であるのと同様に、家庭は社会で活動していく上で必要なルールを教える場所です。それぞれに役割があるのです。

でも実際は、さまざまな事情で人として大切なことを教えられない環境になりつつあります。家庭や学校において大人と子どもの上下関係が反対になっていたり、会話においても子どもが先生に対して上から目線か、対等に話していたりします。それぞれに事情や背景が違い、誰が悪い、こうすれば大丈夫、ということは簡単に言えませんが、皆で議論し提言しなければならないことであると思うのです。

ある若者はこう主張します。「僕が海外に留学して思ったのは日本人はもっとフランクなほうがいいということです」。

たしかに海外ではみんながフランクに話し合っているように見えるかもしれません。しかし、「親しき仲にも礼儀あり」という芯の部分があり、そこを子どもの頃からしっかりとしつけています。海外の教育現場を視察すると「日本は子どもたちにもっとしっかりとルールを教えるべきだ」と、厳しい指摘を受けます。

学問や語学が堪能でも礼儀がなければ海外でもいいご縁が広がっていきません。礼儀を教えるためには一〇歳までが重要です。誰でも子どもはかわいいですが、本当に子どものことを思うのであれば、多少窮屈でもしっかりと向き合わなければならない時期があります。

家庭教育の本当のありがたさは、年をとってからわかります。

社会で荒波に揉まれ、嫌な思いをしながらも仕事をがんばる、そんなときにふと親の顔が浮かぶ、親のいる故郷が浮かぶ。故郷のありがたみは、故郷を離れたときにわかります。家庭のありがたみも、家庭を離れたときにじわじわとわかるものです。

国内でも、海外でも、礼儀があればご縁は広がる。

一〇歳までの家庭教育が大切。
きちんとしつけることが、子どもの将来のためになる。

どんな人もお天道さまは平等に照らしてくれる

「資産家はいいなあ。著名人はいいなあ」と、言う人がいました。ツイッターやフェイスブックなどで、しきりに「自分は負け組だ」とか「こんなの不平等で不公平だ」などと書き込む人もいます。

これは偏った視点であり、比較思考であり、持たなくていいはずの負の感情です。

忘れもしない、大峯千日回峰行の五六三日目。

その日は苦しみの頂点でした。気持ちは前向きですが、身体はボロボロ。でも自分がお願いして始めた行ですから、その状況と向き合わねばなりません。そんなことはわかっていますが、それでも苦しくてたまりません。

真っ暗な山をひたすら歩き続け、夜空の星を見て思ったこと。それは、数えきれない星が誕生しては消え、誕生しては消えを繰り返す宇宙のスケールに比べたら、足が前に進まないとか、しんどいとか、お腹が痛いとか、歯が痛いとか、そんな苦しみなど小さいなということ。

どんな人間だろうと、お天道さまは平等に照らし、お月さまも平等に照らします。水や空気も平等に与えられます。自分がどんな状態だろうと、他人がどんな状態だろうと、太陽も月も水も空気も、平等に与えられており、大自然のサイクルのなかに皆いる。

実は皆、同じ場所にいるのです。

あたりまえだと笑われるかもしれませんが、人間は皆平等に条件を与えられていると腑に落ちた瞬間、私はありがとうございますと天に感謝し、激しく涙しました。誰かだけは特別で、他の大勢は特別ではない、そんな格差などない。そもそも大自然は分け隔てしません。

年収が高いとか低いとか、家が広いとか狭いとか、有名企業に勤めているとか勤めていないとか、モテるとかモテないとか、都会だとか田舎だとか、美しいとか美しくないとか、偉いとか偉くないとか、私たちは毎日、そんな雑事で誰かと自分を比べてばかりです。

それが何になるのでしょうか？　誰かと比べず、自分は自分でその場所で野に咲く一輪の花のように精一杯生きればいいのです。野に咲く花は自分の姿ととなりの花を比べたりしません。

そして、妬んだりもしません。ただ与えられた場所に根を下ろし、精一杯きれいな花を天に向かって咲かせている。お互いにけんかすることもない。私たちもそのように生きたいものです。

持たなくてもいい負の感情は捨てる。

世の中は不平等だと思い込んではいないか？
誰かだけが特別なのではない。皆、同じ場所で生きている。

嘘はいけないが、嘘が状況を変えることもある

仏教にはいろいろな戒律があります。そのうちの一つに、不妄語戒《ふもうごかい》、つまり嘘をついてはならないという教えがあります。

一方で「嘘も方便《ほうべん》」と言うように、人生には嘘が必要なときもあります。相手を傷つけないという前提があれば、嘘が状況を変えることがあるのです。

私はかつて一度だけ師匠に嘘をついたことがあります。

まさに師匠が入院中で、最期のときが迫っている状況でした。見舞いに訪れた私は、何度も手術を受けて顔色がかなり悪くなっている師匠にこう言いました。

「管長さん、あの世に行くのはもうちょっと先のようですね」

師匠は嬉しそうでした。誰がどう見ても死期の迫った形相《ぎょうそう》でしたが、私はとっ

さに嘘をついていたのです。

「肌つやがいいし、眼力《めぢから》もあるから、まだまだ大丈夫ですね」

すると師匠は「おう、そうか？」と答えました。その瞬間、それまでほとんど死人のようだった師匠の顔に、ググッと生気がみなぎったのを見て私は驚きました。もっと驚いたのはその後です。数日後、師匠は何と退院しました。担当医もびっくりするほど元気になったからです。

その後、入退院を繰り返し、師匠は自宅で眠るように旅立ちました。いよいよお別れが近づいたある日、自宅にお見舞いに行くと、師匠はうまそうにビールを飲んでいました。私が驚いて「大丈夫ですか？」と尋ねると、師匠は「これがうまいんじゃ」と嬉しそうです。

「どうせじき死ぬんや、豪快にいかんと」

ふと枕もとを見ると「酒肉《しゅにく》を断たずして涅槃《ねはん》を得る」とありました。

これが師匠の最期の書です。見事だなと思いました。

「よう来てくれたな。元気でな」

別れ際に握手しましたが、その感触は今も手のひらに残っています。もはや握手なんて無理なほど衰弱しているのに、とても強い握手でした。

嘘はいけません。それは間違いありませんが、人生とは複雑で、その妙なるところをすれすれで最善に歩んで行かないといけない。

それもまた人生です。

人生は複雑なもの。そのときどきで最善を尽くす。

「嘘も方便」と言うように、
人生には嘘が必要なときがある。

第五章
学びは毎日の生活のなかにある

情熱を持って、同じことを同じように繰り返す

ここ最近、海外で講演させていただくことがありますが、海外の聴衆の心に最も響くこと、それが「同じことを続けること、繰り返すこと」の重要性です。講演後には皆さん、次々と「続けることの重要性がわかった、素晴らしい」と感謝の言葉を口にされます。

「同じことを同じように繰り返すと、悟る可能性がある」。これはお釈迦さまの言葉です。ただし、「情熱を失うと悟る可能性がない」と続きます。お坊さんの一日は同じことの繰り返しですが、そこにある情熱は誰もコントロールできません。コントロールできるのはただ一人、自分だけです。

毎日、同じことを繰り返すと、一カ月、一年、三年、五年と、時間が経つにつ

れて、最初に持っていたはずの情熱がなくなっていくものです。でもそこで情熱を保っていると、その人しか経験することができない高い境地、極みに達することができます。これが修行ですが、一般社会での日々の生活でも、全く同じことが言えます。

あるお坊さんは、やはりお坊さんだったお父上が毎日、草抜きばかりしているのを見て、何でそんなことばかりしているのか、もっと勉強したほうがいいのにと思っていたそうです。ご自身は大学を出て、説法で頭角を現し、全国を講演でまわるほどとなられましたので、草抜きばかりしているお父上が、パッとしない、実に冴えないお坊さんに見え、あまり尊敬できなかったそうです。

でも晩年、ご自身もお父上と同じように、毎日草抜きに集中するようになったとのこと。基本に始まり、応用に至り、また基本に戻る。父は偉かったなあと、その方はしみじみ語っていたという話です。

日常を普段通りに、あたりまえのことをあたりまえに、精一杯生きる。これが最も難しく、最も大切であり、最も貴重な学びです。

イチロー選手が日米双方で尊敬されるのは、続けること、繰り返すことが、ずっとできているからでしょう。

かつて近鉄バファローズや日本ハムファイターズの監督を歴任された楽天ゴールデンイーグルス監督の梨田昌孝さんに聞いた話ですが、以前、梨田さんがイチロー選手に「どういう練習をしているの？」と尋ねたそうです。するとイチロー選手は「たいしたことはしていませんが」と前置きした上で、「毎日、寝る前に必ず一〇分間の素振りを欠かさずやります」と答えたそうです。

野球の経験がある人なら、素振りを一〇分間続けるのがいかにすごいことかわかるでしょう。イチロー選手はそれを一〇代から現在に至るまで、毎日ずっと続けているのです。大なり小なり、誰にでも生まれ持った才能がありますが、それを開花させることができるかどうかは、続けること、繰り返すこと、それがないとできません。

悟りは求めてもそう簡単には得られませんが、情熱を持って繰り返すとだんだんと見えてくるのです。

繰り返し夢を抱いても、そう簡単には叶いません。やってもやってもダメ、それでも努力し続けるからこそ、夢が叶うのです。

あたりまえのことを、
あたりまえに。
最も難しく、大切な学び。

生まれ持った才能を開花させる方法はただ一つ。
毎日ずっと、やり続けること。

練習すればするほど、修正点が見えてくる

うまくできるようになる、完璧にできるようになる。

そのためには、ひたすら日々、続ける、繰り返す。それしか方法はありません。

「毎日続けるのはきついので、何か別の方法はありませんか？」と問われたら、私は「ありません」と即答します。

どんなこともやれるようになるまでには時間がかかります。しかし、そうやって懸命に続けた時間には、目標を達成したことと同じ価値があるのです。そこまで続けた時間、繰り返した時間は、自分にしかない財産だからです。

繰り返すうちに嫌なこともあるでしょう。どうして続けなければならないのかと悩むこともあるでしょう。でもそこに、大きな成長があるのです。

そして大事なことは、ただ続けるだけでなく「工夫する」こと。

例えば、お経を読むだけなら誰にでもできます。でも、真剣に読む、感情を移入して読む、通りのよい声を出す、長時間続ける……と、工夫すべき点はたくさんあります。工夫点を見つけたら、そのためにどんな準備が必要なのか、よい声を保つにはどうすべきかなどを考え、実行するだけです。

前項で梨田さんからイチロー選手の話を聞いたことを述べましたが、それ以来、私は毎日寝る前に一〇分間、講演の練習をやるようになりました。毎日続けてみてわかったこと、それは話しかたには自分に適したコツがあるということでした。

先述したように、私はそもそも滑舌《かつぜつ》のよいほうではありません。だからこそ練習を始めたわけですが、続けていくうちに自分がどんな声質なのか、どのくらいのスピードで話しているのか、どこで躓《つまず》くのかがわかってきたのです。

「言葉を滑《なめ》らかに出すにはどう抑揚《よくよう》をつければいいのか」「どれくらいの声量がよいのか」「喉に負担をかけずに、ある程度の時間を喋るにはどこに気をつければよいのか」など、やっていくうちにいろいろと改善点がわかりました。

そうやって毎晩、予行演習をしているわけですから、実際の講演会でも臆《おく》することなく話せます。やがて、その基本形に加えてアドリブをきかせることもできるようになりました。

話しているときの目線はどこに置けばよいのか、どこで話題を変えるのがベストか、あれこれと練習するうちに、さまざまな発見や修正点が見えます。修正点は練習しないと見えません。毎回少しずつ、一ミリずつ成長しようと思えば人生生涯努力が尽きません。

そして大切なこと。

講演が終わったら、うまくいってもダメだったとしても、そのときの感情はすべて捨てること。行を終え、行を捨てる。

そして明日また精一杯。

何かを懸命に続けた時間に価値がある。

うまくできるようになるのと同じくらい、費やした時間が大切。かけた分だけ、心の財産が増える。

掃除のコツがわかれば、心や頭も整理できる

日々やること、続けることの一つに掃除があります。

掃除というのは清潔を心がける行為ですが、日々身のまわりの整理をすることにより、何かすっきりとして仕事に向かうことができます。お坊さんの世界でも掃除を一心不乱に精一杯することは基本であり、掃除を嫌うお坊さんはお坊さんではないと言われます。

昨日よりも今日の掃除を重視する。今日はいかにきれいにできるかと改めて取り組めば、そこにまた新しい発見があります。

私も本山での修行中に経験しましたが、例えば雑巾で拭《ふ》く作業一つとっても、濡らし拭きと乾拭《からぶ》きがあり、どちらを選ぶとその場所がより美しくなるかをいろ

いろと考えると、実に奥深い世界が見えます。拭く場所に使われている素材、その場所が時間によってどんな日当たり、あるいは日陰《ひかげ》となるのか、その陰翳《いんえい》を踏まえて拭きかたが変わります。

境内《けいだい》の掃き掃除や拭き掃除も同じことです。少しでも手を抜くと、誰にでもわかるくらい美しくない。掃除には自分の心が反映されてしまうので、美観を保つ裏側には、内面的な努力を続けることも必要です。逆をいうと、身のまわりをだらしなくしている人は、どこかにそういう雰囲気が出ているものです。

そう考えると、家庭でも、いつもきれいに掃除をしてくれる奥さん、または旦那さんに、家族は敬意を払うべきなのです。

ちなみに、見えにくい場所をきれいにすることが掃除ではいちばん難しいもの。明らかに見えている場所をきれいにするのは誰にでもできます。見えない場所、普段気にしないような場所まできれいにする、その心がけが生まれると、掃除を続けることで「心の掃除」がスムーズにできます。

どんな世界でも、第一線で活躍する人、世間で一流などと呼ばれる人は、総じて整理整頓がうまく、掃除が徹底しています。俳優さんでも朝起きて自分で掃除をしてから舞台に行くという方も多いですが、掃除をすることで自らの気持ちの整理ができてすっきりとスタートできるのです。

昨日よりも、今日。日々工夫する。

たとえ昨日、上手に掃除ができたとしても、今日はまた新たな気持ちで取り組む。

たとえ自分一人でも、誰にも褒められなくても、やり通すべきことがある

金峯山寺の本坊から石段を五百段ほど下ったところに「脳天さん」というお宮さんがあります。正式名称は、金峯山寺塔頭《たっちゅう》・龍王院です。

その建物とお手洗いの間に、半分地下になった狭い水路があるのですが、建物が谷底にあることも影響し、その水路には雨が降るたびに土砂がたまり、すでに三分の二ほどが埋まっていました。次に大雨が来たら水路が全部埋まってしまう、そう考えた私は、一〇メートル以上ある水路から少しずつ、土砂を除き始めました。

そうはいっても、当時はまだ小僧でしたので、先輩の指示がないのに勝手に作

務をするわけにはいきません。だから休憩時間を使ってやりました。

お寺の作務はさまざまありますが、そのお宮の当番は一カ月に一回、一週間しかまわって来ません。休憩時間は短く、作業も楽ではありません。かなり土砂がたまっている上に、お手洗いの浄化槽がそばにあるので汚水の臭いが漂ってきます。

それでも、「水路が広くなったら水が通りやすいだろうなあ」という思いだけで作業を続けていました。

三カ月後にようやく貫通しましたが、当然ながら誰かが褒めてくれるわけではありません。実際は「変なことをしているなあ」くらいに周囲は思っていたでしょう。でもまわりの人たちにどう思われようと、水路がきちんと通れば問題が起きない、ただそれだけでよかったのです。

皆が喜んでくれることは、思いついたらやる。

それが他人の迷惑を顧《かえり》みない行為なら話は別ですが、皆の役に立つ、社会的な利益を生むのが見えているなら、自分の時間を使ってやるべきです。

これが功徳を積むということです。

ただし今努力しても、すぐにそれが花開くとは限りません。さらに最初から見返りを求めてやるのなら本末転倒です。

ちなみに自分が積んだ功徳は、どこかに貯金されているようなもので、悪いことをしないかぎり消えません。

自分にまわって来なくても、子孫が恩恵を受ける、あるいは来世《らいせ》で生まれ変わった自分が恩恵を受けます。

今、自分が恵まれているな、いろいろあるけれど楽しい人生だなと思っているのなら、それは自分が現世《げんせ》で積んだ功徳に加えて、ご先祖さまたちが積んだ功徳のおかげであり、それが今、花開いたのかもしれません。

そうだとしたら、いつも感謝の気持ちを持って、今度は子どもたちや子孫のために日々小さな功徳を積みましょう。

自分が積んだ功徳は消えない。

見返りを求めず、皆の役に立つ。
恩恵は、自分にまわって来ないかもしれないが、
子孫を幸せにできる。

下の世代に嫌われる勇気を持とう

我が子に嫌われたくない、教え子に嫌われたくない、部下に嫌われたくない、従業員に嫌われたくない。

どうも嫌われたくない症候群が世の中に蔓延しているようで、私のところにくる相談にも、そんな内容が増えました。

嫌われたくないからと相手と距離を置き、遠まわしにオブラートに包むようにして教えるべき作法を教えなければ、結局はその相手のためになりません。

そんな人間はわがまま放題となり、自らを律することを知らず、増長し、自己主張だけが目につくようになりますから、誰の目にも奇異《きい》に映るだけ。教えることを放棄すれば、本当はかわいそうな人を作り出すだけです。

以前、作家の内館《うちだて》牧子さんがこんなことを書いていらっしゃいました。東北新幹線のホームで、子どもが「お腹が空いた」と泣きわめき、親がおにぎりを与えたところ「こんなものいらない」と地面におにぎりを投げ捨てたそうです。それでも親は子どもを叱らなかったとのこと。子どもに嫌われたくない一心で、ご機嫌をうかがい、びくびくしているのです。

私も二〇代の頃、驚かされる経験をしました。

父親であろう男性が、二〇代とおぼしき息子と高校生くらいの娘を連れていたのです。父親が二人に何かを注意したところ、息子が「おめえが悪いんだろうよ！」と罵《ののし》りながら男性の頭を小突《こづ》きました。その光景に私が驚いていると、今度は娘が「おめえが悪いんだ」と、やはり罵りながら男性の頭を叩きます。

親の頭を平気で叩く子どもの姿を目の当たりにして、大変なことが起きているぞと感じました。

これはしつけの失敗です。こういう話がそこらじゅうで聞かれるようになりました。将来的に土地や財産を子どもたちに残すことにより、兄弟げんかの原因ともなりかねません。

しつけや精一杯努力する後ろ姿というのは、親が子どもに与えられる唯一無二の財産です。

私のいる世界では、師匠は弟子に嫌われてなんぼ、弟子から恨まれないような師匠は失格と言われています。もともと持って生まれた性格や、幼い頃からしみついた習慣はなかなかなおりません。全人格をぶつけ合い道を正すということは、まさに命がけなのです。悪いところを否定していくから、ときとして憎まれることもあるかもしれない。恨まれても憎まれても弟子を正す。これが師弟関係です。

世の先輩方、もっと嫌われてください。もっとうるさく言ってください。子どもや部下を、厳しく叱ってください。嫌われる勇気を持ってください。

そして背中でしっかり見せてください。上の世代がどれだけ真剣にがんばっているか、精一杯生きているのかを。

下の世代はつぶさに見ています。こちらが手を抜けば、それを見ている人間も手を抜きます。私たちはどこにいても、下の世代から「見られている」ことを忘れてはならないのです。腹をくくらなければ部下も子どもも成長しません。

そしていつか何かの形で別れのときがきます。そのときにお互いに涙がこみあげてきたら、その絆は本物だということです。

弟子から
恨まれないような師匠は
失格。

甘やかしてばかりでは、
上に立つ者の役割を果たしたことにならない。
下の者のためを思うなら、　きちんと叱る。

目の前の一人を喜ばせることから始めよう

世のなかには何かをなして有名になりたい、歴史に名を刻《きざ》みたい、世界一になりたい、そんな生きかたを望む人がいます。

こういう傾向は、えてして皮肉っぽく語られたり、とくに仏教を学ぶと一番二番にこだわってはいけないと言われますが、私は別に悪いと思いません。生きようとするエネルギー、経験しようとする欲、それは人間の持つ根源的な欲求であり、それが個々の形で表出《ひょうしゅつ》しているに過ぎないからです。このような欲求が前向きに生きるための原動力になることもあるのではないかと思います。

でもだからといって、皆が皆、その方向で生きる必要はありません。当然ながら多くの皆さんが社会貢献を考えていると思いますが、そんな大きなことを考えなくても、今すぐできる社会貢献があります。

それは目の前にいるたった一人を喜ばせること、笑顔にすること。出会った人を優しい気分にさせること。たったこれだけです。

大事なことは、そのときに損得勘定《かんじょう》を持ち込まないこと。嬉しい、楽しいという世界に、そもそも損も得もありません。

言葉、笑顔、態度。たったそれだけで、その人を楽しませる、喜ばせることができます。これが人生の大きな学びであり、私たちすべてに共通する役目です。

私もこれまでの人生のなかで、泣いたり笑ったり怒ったりと、さまざまな経験をさせていただきました。言葉の難しさや面白さ、感情を捨てることの難しさや大切さが、さまざまな場面で身に染みました。

そして向き合うことの大切さを、多くの出会いから学びました。

人と人が向き合う、そこから世界は生まれます。世界は誰かが勝手に作るものではなく、私たち一人ひとりの意識で構成されるものです。そのときの世界の状況には、そのときを生きる人の意識が反映されています。

出会った人に対して、出会えた喜びに対して、すべてに敬意を払うこと。

全くの偶然に思えるような出会いも、そこに至るまでのさまざまな要素（人、時間、場所）が無数に折り重なり、その結果として、その人と、そのときに、その場所で、出会っています。

偶然ではなく、必然なのです。そこにはプロセスが存在します。

さらに相手を、周囲を変えようとする感情は捨てきってください。そうではなく、自分が変わればいいのです。

では、自分が変わるためには、まずどうすればいいのか？

その答えが、目の前にいるたった一人を喜ばせること。

たまには肩の力を抜いて阿呆になってみてください。意外と楽しいものですよ。

出会った人を喜ばせ、
優しい気分にさせる。

出会いは偶然ではなく、必然。
出会えた喜びに感謝し、敬意を払う。

〈著者プロフィール〉

塩沼亮潤（しおぬま・りょうじゅん）

1968年仙台市生まれ。東北高校卒業後、吉野山金峯山寺で出家得度。91年大峯百日回峰行満行。99年吉野・金峯山寺1300年の歴史で2人目となる大峯千日回峰行満行。2000年四無行満行。06年八千枚大護摩供満行。現在、仙台市秋保・慈眼寺住職。大峯千日回峰行大行満大阿闍梨。著書に『人生生涯小僧のこころ』『毎日が小さな修行』（ともに致知出版社）、『執らわれない心』（PHP研究所）、『忘れて捨てて許す生き方』『人生でいちばん大切な三つのことば』（ともに春秋社）などがある。

縁は苦となる
苦は縁となる

2016年 4 月20日　第1刷発行
2021年10月25日　第4刷発行

著　者　塩沼亮潤
発行人　見城 徹
編集人　福島広司

GENTOSHA

発行所　株式会社 幻冬舎
〒151-0051　東京都渋谷区千駄ヶ谷4-9-7

電話　03(5411)6211(編集)
03(5411)6222(営業)
振替　00120-8-767643
印刷・製本所　中央精版印刷株式会社

検印廃止

ISBN978-4-344-02931-6　C0095
幻冬舎ホームページアドレス　https://www.gentosha.co.jp/

この本に関するご意見・ご感想をメールでお寄せいただく場合は、
comment@gentosha.co.jpまで。